캐나다 경찰의
주요 정책

캐나다 경찰은 왜 핑크 셔츠를 입을까

김성구 저

Major Policies
of The Canadian Police

박영사

들어가는 글

저자는 1990년도부터 대한민국 경찰관으로 근무하면서 생활안전, 형사, 교통, 경비, 경무, 감찰, 정보, 외사 부서 등 다양한 분야에서 근무하였다. 그리고 2015~2018년 동안 캐나다 밴쿠버총영사관에서 경찰주재관으로 근무하였다. 캐나다에서 우리 국민들이 관여된 각종 범죄 ─가해자이든 피해자이든─ 가 발생 시 또는 실종이나 대형 화재와 같은 재난 사건이 발생 시 캐나다 경찰을 접촉하여 사건을 해결하면서 캐나다의 형사법과 각종 경찰 정책들을 공부할 수 있는 기회가 있었다.

이 졸저는 캐나다에서 저자가 근무중 직접 보고 경험하고 공부한 내용들을 정리한 것이다. 저자는 캐나다 경찰을 만나 공적인 업무를 처리하고 개인적인 친교를 맺으면서 많은 새로운 것들을 보았다. 경찰장비나 경찰서 건물 또는 전산시스템 같은 물질적인 것보다 이들의 법률, 업무 처리 매뉴얼, 문화와 사고 방식이 우리 경찰과 무척 다른 것을 느꼈다. 이들에게 많은 질문을 하고 궁금한 것에 대해서는 보완 자료를 부탁하면서 캐나다 경찰을 배웠다. 경찰업무로든 사적인 것이든 그들로부터 전혀 기대하지 못했던 답변을 들었던 적이 수도 없이 많았다. 한국 경찰에서 다양한 분야에서 근무한 경험이 캐나다 경찰의 다양한 이슈들에 관심을 갖는데 큰 도움이 되었다.

그러나 이러한 경험과 새로운 지식을 혼자만 가지고 있으면 시간이 지나면서 기억이 흩어지고 나중에는 모두 사라질 것이 분명하기에 이를 책자로 정리할 필요성을 느꼈다.

이 책의 출간 목적은 캐나다 연방경찰과 도시자치경찰의 조직 시스템과 현재 캐나다 경찰이 시행하고 있는 주요 치안 정책들을 소개하는데 있다. 이

책은 캐나다의 형사 법률과 판례들을 일부 소개하기도 하지만 전반적인 법률 이슈를 학문적 입장에서 깊이 있게 검토하기 위한 것이 아니다. 또한 캐나다 경찰 정책과 우리 경찰 정책의 장단점에 대한 세밀한 검토를 목적으로 한 것도 아니다.

우리 경찰이 시행중인 정책 중 캐나다 것보다 우수한 것이 많은 것도 사실 이지만 여기에서는 캐나다의 경찰 정책을 소개하는 것을 목적으로 하기에 모든 정책을 일일이 비교하지 않은 점을 독자들께서 양해해 주기를 바란다.

과거 우리나라의 많은 형사소송 분야 서적들이 독일 · 일본의 형사절차를 주 연구대상으로 하면서 검사와 판사의 역할을 집중적으로 소개하였다. 경찰의 수사활동은 캐나다, 미국, 영국 등 선진국의 형사절차에서 필수적인 부분임에도 경찰의 임의수사, 체포, 압수와 수색, 피의자신문 등을 제대로 소개한 것이 드물다. 이 선진들에서는 수사는 경찰이 하고 검사는 기소만 하기에 사실 외국의 형사소송법을 소개하기 위해서는 경찰의 수사과정에 대한 설명은 필수불가결한 것이다.

더불어 우리나라에 소개된 외국 경찰의 정책도 매우 부족한데 특히, 캐나다의 경찰을 연구한 자료는 매우 드물다. 이에 저자는 캐나다의 연방경찰과 지방자치경찰 조직, 경찰의 수사권, 검사의 역할, 실종사건 수사, 경찰관 채용, 경찰의 총기 피격에 대한 대책, 음주운전자에 대한 현장에서 경찰처분, 운전면허 도로 테스트 등 다양한 영역에 대한 캐나다의 현행 법률과 제도 그리고 캐나다 경찰의 실무 매뉴얼을 소개할 필요성을 느꼈다.

졸저는 캐나다 경찰의 주요 정책과 형사절차 분야 내용을 사실 위주로 충실히 전달하는 것을 중요시 하였다. 향후 캐나다 경찰과 형사 분야에 대한 심층적인 연구가 필요한 학자들에게 길잡이 역할과 입문서 역할이 되었으면 하는 바람이다. 또한 캐나다에 사시는 우리 교민들이 법률적인 문제에 부딪쳤을 때 이 책을 통해 캐나다의 형사시스템과 경찰의 역할을 이해하는 데 일조가 되기를 바란다. 캐나다 경찰 관련 법률 · 판례 · 제도 · 정책의 폭넓은 소개를 통해 캐나다인의 시각과 관점에서 자신들의 사회 불안 요소, 위험 요소, 문제들을 어떻게 해결하는지를 소개하여 우리 사회의 위험을 줄이고 예방하는 데 있어 정책 입안자들에게 그리고 해외 경찰을 연구하는 사람들에게 조금이나마 새로운 아이디어를 제공하였으면 한다.

이 책을 쓰는데 많은 사람들의 진심 어린 도움과 격려가 있었다. 캐나다 밴쿠버에서 경찰주재관으로서 재직 시 현지 법률과 경찰 시스템을 자세히 알려 준 친구들이 있었고, 현지인들의 문화를 직접 시간을 내어 알려 준 고마운 분들이 있었다. 자료 수집과 질의 문답을 통해 학습을 도와 준 RCMP의 Ray, John, Jonathan, Alex, Mike, Dave, Jay, Richmond RCMP 서장인 Will과 밴쿠버 경찰청의 Mike, Paul, Kelly 등 많은 캐나다 경찰 친구들에게 감사한다. 또한 캐나다인들의 문화를 시시때때로 직접 알려 준 Charles 회장님과 Byron 변호사님, 캐나다 문화를 우리 사회에 소개하면 좋겠다며 항상 격려해 주신 현지 교민 장중환 사장님에게 감사를 드린다. 또한 책 출간에 많은 조언과 격려를 해 주신 서강대 이덕환 교수님, 길병송 전무님, 이재성 친구, 김환균 형에게 고마움을 표한다. 이 책의 출판에 커다란 도움을 준 박영사의 오치웅 대리님과 우석진 님에게 감사드린다. 그리고 어려울 때나 즐거울 때나 항상 옆에 있고 가장 든든한 지원자인 사랑하는 아내 이주은에게 깊이 감사한다.

2019년 1월

김 성 구

차   례

제3장 캐나다의 범죄수사 구조

제4장 캐나다 경찰의 주요 치안정책

제1장

서 론

제1장

서 론

저자는 2015－2018간 캐나다 밴쿠버에서 경찰주재관으로 근무하면서 캐나다 연방경찰, 밴쿠버 자치경찰, 캘거리 자치경찰, 국경경비청(CBSA) 등 경찰과 법집행기관들의 다양한 활동을 경험하였다. 범죄 피해나 가해 사건에 대한 캐나다 경찰의 911접수와 출동, 증인 수사, 피의자 체포, 경찰서 유치장에 입감 등 형사 절차 진행을 직접 경험하였다. 실종자 수색이나 국제 경찰조직간 협력이 필요한 때에는 캐나다 경찰, 국경경비청(CBSA) 또는 주정부와 같이 일을 한 적도 많이 있었다. 그리고 우리의 교정행정기관 격인 Correction Canada(교정청)를 방문하여 수감자를 면회하고 교정청 공무원들과 수감자 인권 보장에 대한 논의를 하였다. 그리고 여러 형사 재판을 방청하면서 법관, 검사, 변호사의 재판정에서의 활동도 경험하였다. 또한, 현지 재난재해 담당 공무원들을 초청하여 회의를 진행하면서 캐나다의 여러 안전 관련 정책을 공부할 수 있었다.

우리 국민이 범죄 피의자의 입장에 처했을 경우에는 인권보장과 적법절차를 당부하고, 강력범죄나 재산범죄의 피해자가 되었을 때에는 철저한 수사와 피해자 보호를 요청하면서 캐나다의 헌법상 개인의 자유권 보장과 경찰의 강제수사절차 등을 볼 수 있었다.

또한 현지 경찰관들과 함께 야간 현장체험(Ride-Along)을 하면서 도보순찰

을 함께하고, 교통사고 발생 현장을 가기도 하고, 주거침입범죄자를 검거하여
사진촬영과 지문을 채취한 후 유치장에 입감하고, 카지노 내 소란행위에 대한
출동도 하면서 경찰활동을 같이 하였다.

경찰 지휘관들과 수사ㆍ인사ㆍ순찰ㆍ교통 부서 등 다양한 분야의 경찰관들
과 교류를 하고, 살인수사국ㆍ조직범죄수사국ㆍ경찰견 부대ㆍ장비과ㆍ인사과 등
방문과 현장체험(Ride-Along)을 통해 캐나다 경찰의 현장활동과 주요 치안정책
들을 직간접으로 경험할 수 있었다.

이 연구는 저자가 직접 경험하여 알게 된 것, 현지 경찰관들을 통해 수집
한 매뉴얼이나 정책자료, 경찰과 관련된 헌법ㆍ연방 법률ㆍ주 법률 등 각종 법
령과 판례들을 정리하였다.

대표적인 법령들로서 경찰활동의 한계를 설정하고 인간의 기본권을 보장
하는 캐나다 헌법인 'Canadian Charter of Right and Freedoms(캐나다 권리와
자유 장전)', 경찰의 피의자 신문 시 변호인 참여권의 한계와 범위를 설정한 캐
나다 대법원의 판례[1], 경찰의 임무와 역할 그리고 조직을 규정한 'Royal
Canadian Mounted Police Act(왕립 캐나다 기마경찰법, RCMP법)', BC주 내에서
경찰활동을 규정한 'British Columbia Police Act(BC주 경찰법)', 그리고 경찰의
범죄 수사 절차를 규정한 '연방 형사법(Criminal Code)' 그리고 각종 경찰활동에
대한 지침과 훈령 등을 검토하였다.

또한, 캐나다에서 커다란 안전 이슈가 발생할 때 정부차원에서 별도의 객
관적인 위원회를 구성하여 근본적인 원인을 모색하고 해결책을 제시하는 경우
가 종종 있었는데 치안과 관련한 최근 몇 년 동안의 주요 위원회로서 범죄
현장에서 경찰관들이 범인의 총격으로 사망한 후 구성된 'MacNeil 위원회',
밴쿠버 지역에서 수년 간 수십 명의 여성들이 실종ㆍ살해된 후 대응책을 연구
한 'Missing Women Commission of Inquiry(실종여성조사위원회)'와 그 이후 제
정된 'Missing Person Act(실종자수사법)'를 검토하였다.

그리고 경찰이 음주운전자 단속을 계속하여도 음주운전이 줄어 들지 않고

---

1) 캐나다 Supreme Court의 R. v. Sinclair, 2010 SCC 35 사건.

또한 경찰 단속에서 재판까지 오랜 기간 진행되는 사법절차의 비효율성을 해결하고자 현장에서 경찰의 행정조치를 가능케 하는 'Immediate Roadside Prohibition', 대형 산불·홍수 같은 재해 발생 시 캐나다 경찰을 포함한 정부차원의 Emergency Management 등을 검토하였다.

더불어 현재 캐나다 경찰이 시행중인 경찰관 채용 절차에서는 지식 테스트보다는 'Job experience(업무 처리 경험)'[2]를 중시하는 경향 그리고 작든 크든 간에 조직의 리더를 뽑는 과정인 초급 지휘자 승진 제도, 청소년들과 직장 내 집단 따돌림에 대한 예방 정책, 그리고 사회 안전을 지키려다 업무 중 순직한 경찰관에 대한 사회적 분위기와 장례식 내용, 수사의 주체인 경찰조직 내에서 수사서류를 검토하고 재판과정을 모니터링하는 시스템, 국가와 지방자치도시 간의 계약에 의한 치안 제공, 캐나다 경찰의 보수와 연금 제도, 경찰서 내 조직의 신설·폐지·통합·분리 정책 등을 연구하였다.

---

2) Job experience는 work experience 또는 life experience로도 사용할 수 있으며 필자는 이를 '업무처리 경험'으로 번역하였다.

제2장

캐나다 경찰조직

제2장

캐나다 경찰조직

개관

1. 연방경찰과 자치경찰의 혼재

캐나다의 경찰조직은 우리나라와 같은 중앙집권식 경찰조직(Centralized Police Organization)도 아니고 순수한 자치경찰조직(Decentralized Police Organization)도 아닌 매우 독특한 구조로서 연방경찰과 자치경찰이 혼재되어 있는 형태이다.

캐나다에서 치안활동은 시 단위, 도 단위, 연방 단위의 3단계로 이루어진다. 2017년도 기준으로 '시 단위(municipal level)'의 독자적인 경찰 치안서비스로는 141개시와 36개 원주민(First nation) 자치조직이 있다.[1] 해당 커뮤니티들은 경찰위원회(Police Board), Band council(원주민 자치조직), 또는 다른 정부조직을 통하여 경찰 치안활동을 운영한다. 실례로 밴쿠버, 캘거리, 위니펙 등 자치 도시는 자신들의 시 자치경찰(Municipal Police)을 운영하면서 연방 전체에 효력을 미치는 형사법(Criminal Code)과 시 법률(By-law)을 집행하고 있다. 밴쿠버 경찰청의 경우, '밴쿠버경찰위원회(Vancouver Police Board)'의 통제를 받으면서[2] 연

---

1) https://www150.statcan.gc.ca/n1/pub/85-002-x/2018001/article/54912-eng.htm 캐나다 통계청 홈페이지임.

방 형사법(Criminal Code) 위반사항 수사, 일부 연방법, 주 법률, 시 법률을 집행하고 밴쿠버 시 관할 내에서 일반적인 법률과 질서를 유지하는 임무를 수행한다.3)

'온타리오주 경찰(Ontario Provincial Police, OPP)'과 '퀘벡주 경찰(SQ)'은 각자의 주에서 치안을 책임진다. 이들은 주 고속도로에서도 치안책임이 있다. 이들 주 경찰의 경우에 임무는 연방 형사법(Criminal Code), 주 법률 위반행위 단속, 주 경찰이 담당하는 시의 법률과 치안활동을 전개한다.

도 또는 시 단위 경찰조직이 없는 주들은 RCMP(연방경찰)로부터 치안서비스를 제공받는다. RCMP는 연방 단위의 치안 역할 외에도 경찰조직이 없는 지역에서 치안서비스를 제공한다. 연방 치안서비스 조직인 RCMP는 캐나다 전역에 걸친 중대범죄, 조직범죄, 금융범죄, 총기프로그램, 아동학대 등과 관련된 치안서비스에 대한 책임을 가진다.

RCMP는 세계에서 매우 독특한 경찰조직으로서 연방, 주, 시 경찰조직으로서 역할을 수행하고 있는데 RCMP는 ① 모든 캐나다인에게 연방 경찰활동, ② 온타리오주와 퀘벡주를 제외하고 8개 주와 3개 준주에서 계약에 의해(Contract policing)4) 180여 개 이상의 자치 시에서 경찰활동을 펼치고 있다.5)

2. 경찰력 현황6)

2017. 5. 17일 기준 캐나다 내 전문 직업경찰관(Sworn officer, 선서한 경찰관) 총 숫자는 69,027명이다. 이는 인구 10만명당 경찰관 188명의 비율이다.

전 캐나다를 거쳐 민간공무원(civilian officer) 29,049명이 경찰조직에 고용되어 경찰조직 인원의 30%를 구성하면서 경찰조직 내에서 업무를 담당한다.

2) British Columbia Police Act.
3) https://vancouver.ca/police/organization/index.html
4) Contract policing이란, RCMP와 자치 시 간에 치안제공 계약을 맺고 자치 시는 총 비용의 70−100%의 비용을 부담하는 치안유지 방법이다.
5) http://www.rcmp−grc.gc.ca/about−ausujet/index−eng.htm 캐나다 연방경찰(RCMP)의 홈페이지다.
6) https://www150.statcan.gc.ca/n1/pub/85−002−x/2018001/article/54912−eng.htm

경찰조직 내 민간공무원 비율은 1960년대 이후 지속적으로 증가하고 있다. 특히, 민간공무원 숫자는 관리, 행정, 컴퓨터 분석, 과학, 다른 숙련된 민간 인력이 필요한 부서를 중심으로 크게 늘어났다.

　여성 경찰관은 14,752명으로 전 경찰력의 21%를 구성하고 있다. 처음 관련 자료를 정리한 1986년에는 전체 경찰관 수의 4%를 구성하였다. 여성 경찰관들의 경찰조직 내에서 상위 직급 비중은 계속적으로 증가하고 있다. 경찰 상위 계급에 대한 여성 경찰관들의 비율은 1986년 1% 미만에서, 2007년 7%에서, 2017년 15%를 차지하고 있는데 이는 역사적으로 가장 높은 비율이다. RCMP는 여성 경찰관 채용을 늘리는데 매우 관심이 많으며, 최일선 경찰관부터 경찰청장까지 다양한 분야에서 여성 경찰관이 근무하고 있다.[7]

3. 예산

　캐나다 전역에서 2016/2017년 간 경찰이 사용한 예산은 147억 캐나다 달러(한화 약 13조원)이다. 이는 전년에 비해 2% 증가하였다. 경찰 예산은 1994/1995년만 제외하고 1987/1988년 이후 매년 증가하고 있는데 주요 이유는 인플레이션이다. 인구를 고려하면 2016/2017년 경찰 치안비용은 개인당 315캐나다 달러(한화 약 30만원)이었는데 전년도 313캐나다 달러와 거의 변화가 없다.

| 2 절 | **연방경찰**(Royal Canadian Mounted Police: RCMP) |

1. 역사

　연방경찰은 1800년대 후반 캐나다가 서부지역을 획득한 후 이 지역에서

---

7) 여성 경찰관으로는 최초로 2018. 5월 Brenda Lucki가 경찰청장으로 임명되었다.

치안유지 필요성에 따라 창설되었다. 현재 RCMP의 인력은 법집행권한을 행사하는 전문 직업경찰관(sworn officer)와 민간인(civilian officer)을 합쳐 총 29,853명이다.[8]

　　1873년 5월 캐나다 의회의 결정에 따라 최초 150명의 경찰로 구성된 경찰조직이 창설되었고 계속 서부지역으로 확대되는 사스카츄완주, 알버타주, 매니토바주 등 캐나다 영토에서 말을 타고 경찰활동을 하여 1920년 1월 'RCMP(Royal Canadian Mounted Police, 왕립 캐나다 기마경찰대)'라는 호칭을 얻었으며, 제2차 세계대전 후인 1950년에는 뉴펀드랜드주와 BC주에서도 치안책임을 맡았다.

2. 임무

　　연방경찰(Royal Canadian Mounted Police: RCMP)의 임무는 RCMP법(Royal Canadian Mounted Police Act) 18조에 규정되어 있으며 범죄의 예방과 수사, 평화와 질서의 유지, 법률위반 단속, 경찰법과 캐나다 법에 따라 영장의 집행과 이에 관련된 모든 의무와 임무 수행, 국가 안보, 연방공무원의 안전 보장, 귀빈과 외교사절의 보호, 캐나다 내외의 다른 경찰조직과 각종 법집행기구를 지원하는 것이다. 이에 따라 RCMP는 모든 연방법, 국제적 협력, 테러 등 연방 치안사무를 담당하여 자치경찰이 없는 시에서 치안활동을 전개한다.

3. 조직구성

　　RCMP(연방경찰)는 캐나다의 국가경찰조직이며 공공안전부(Ministry of Public Safety Canada)의 외청이다. 기본법은 RCMP Act이며, 경찰청장(Commissioner)은 공공안전부장관의 지휘 하에 연방경찰조직의 관리와 모든 사안을 지휘(has the control and management)한다.

---

8) 2018. 7. 1 현재 통계임.

연방경찰은 '치안계약(policing agreement)에 따라 온타리오주와 퀘벡주를 제외한 모든 주와 180여 개의 시 정부와 계약에 의해 치안을 담당한다.[9]

- Commissioner(경찰청장)
  - 연방경찰활동 담당 Deputy Commissioner(부청장),
    - Federal and International Operations
      연방과 국제경찰활동
    - National Security Criminal Investigations
      국가안보범죄 수사
    - Protective Policing
      이 부서에서는 캐나다 총독 및 수상과 그 가족 및 공공안전부장관이 지정한 인물들과 주거의 경호, 연방대법관 및 연방법원 판사들의 안전, 의회와 대법원의 안전, 외국 원수와 외교사절의 안전, 캐나다 내에서 개최되는 정상회담, 국제회의, 올림픽 등 주요 행사 등과 그리고 캐나다 국적 항공기 내 안전을 담당한다.

  - 계약치안과 원주민 담당 Deputy Commissioner(부청장),
    - Contract and Aboriginal Policing
      계약치안과 캐나다 원주민에 대한 치안
    - Criminal Intelligence Directorate
      범죄정보 수집

  - Deputy Commissioner, Specialized Policing Services(특별치안 부국장)
    - Canadian Firearms Program(총기 관리)
    - Canadian Police College(경찰대학)
      캐나다와 국제 경찰관 및 법집행기관원에게 교육을 제공하며 60여 개의 프로그램 운영, 컴퓨터 범죄수사, 사이버 포렌식, 리더십, 조

---

9) http://www.rcmp-grc.gc.ca/about-ausujet/organi-eng.htm

직관리 과정, 폭발물 수사 등 과정이 있음.
- Chief Information Officer(정보화 업무)
- Criminal Intelligence Service Canada
  조직범죄와 관련된 정보를 정부기관, 법집행기관, 협력기관에 전달
- Forensic Science and Identification Services
  과학수사와 신원확인
- Canadian Police Information Centre(CPIC)
  CPIC에서는 일반인들이 절취당한 물건과 자동차를 검색할 수 있으며, 법집행기관에서는 세부 자료와 보고서에 접근할 수 있음.
- National Child Exploitation Coordination Centre
  온라인상 아동 성범죄 수사, 피해자 신원확인 전문화, 조약, 추방, 다수의 관할 사건 조정 등
- Technical Operations(기술 지원)

○ Corporate Management and Comptrollership(재정 예산)
- Asset Management(재산 관리)
- Finance(금융 회계)
- Procurement and Contracting(계약)
- Office of Comptrollership and Modernization(재정)

○ Deputy Commissioner Human Resources(인적자원 부청장)
- Internal Audit and Evaluation(회계감사 평가)
- Legal Services(법률지원)
- Office of the Ethics Advisor(윤리담당)
- Public Affairs and Communication Services(대국민 홍보)
- Strategic Policy and Planning Directorate(전략치안)
- "B" Division Newfoundland and Labrador(뉴펀드랜드주 지방청)
- "C" Division Quebec(퀘벡주 지방청)

- "D" Division Manitoba(매니토바주 지방청)
- "Depot" Division Regina, Saskatchewan(신임 경찰교육원)
- "E" Division British Columbia(BC주 지방청)
- "F" Division Saskatchewan(사스카추완 지방청)
- "G" Division Northwest Territories
- "H" Division Nova Scotia
- "J" Division New Brunswick
- "K" Division Alberta
- "L" Division PEI
- "M" Division Yukon Territory
- National Division National Capital Region
- "O" Division Ontario
- "V" Division Nunavut Territory

RCMP는 15개의 지방청(Division)과 수도 오타와에 있는 본청으로 나뉘어 져 있는데 Division들은 대개 주 단위로 나뉘어져 있다. 항공과 해양서비스는 지방청 단위로 구성되어 있다. 신임 경찰관 훈련교육을 담당하는 Depot Division은 사스카츄완 주 리자이나 시에 있고, 현직 경찰관 교육을 담당하는 Canadian Police College(경찰대학)은 오타와에 있으며 분교가 BC주 칠리왁 시에 있다.

4. RCMP 경찰청장의 임명

RCMP 청장 임명은 'Royal Canadian Mounted Police Act(RCMP법)' 제 5조에 따라 '총독'이 임명하는데 현직 경찰, 퇴임 경찰, 일반인 중에서 누구라도 임명이 가능[10]하지만 과거 정치인 출신 경찰청장을 임명한 후 조직의 혼란을

---

10) 2007년 7월 '최초로 경찰 경력이 없는 민간인 출신의 경찰청장'을 임명되었다. 당시 수상은 변호사이자 정치인 출신인 William Elliot를 경찰청장으로 임명하였으나 Elliot는 조직 내 갈

겪은 후 아직까지 경찰 경험이 없는 사람이 청장이 된 예는 없다. 동 법 5조에서는 경찰청장의 임명에 대해 '총독은 장관 아래에서, 조직을 지휘하고 경찰청과 관련된 업무를 처리하는 경찰청장을 임명할 수 있다'라고 적시하고 있다.[11]

이어 동 법 6.1조에서는 지방청장의 임명에 대해 '총독은 장관의 추천에 의해 지방경찰청장을 임명한다. 장관의 추천은 경찰청장의 추천에 따른다'라고 규정하고 있다.

도시의 자치경찰과 비교하여 RCMP의 정치적 중립성에 대해 일부에서는 RCMP가 정치의 간섭 없이 독립적으로 운영된다고 평가한다.[12]

5. 인력 현황

2018. 7. 1 현재 RCMP의 인력은 경찰청장을 포함하여 법집행권한을 행사하는 경찰관 18,849명과 경찰을 보조하는 민간공무원 11,004으로 총 29,853명이다. 일반경과와 수사경과의 구분은 없으며 순찰부서 경찰관도 일상 업무에서 주거침입강도, 가정폭력, 실종사건 수사 등을 실시한다. 제복부서와 수사 부서 간에는 자유로이 인사 이동한다. 세부적인 계급구조, 계급별 인원현황과 임무는 다음과 같다.

등 심화로 2011년 2월 퇴직하였다. Elliot가 퇴직한 이유는 ① 경찰 간부들과 마찰이 심하였고 ② 경찰관들에게 '고함을 치고 신문을 집어 던지고 직원들을 존중하지 않으며 강압적인 분위기로 조직을 운영'하여 장관실에 불만을 접수되었고, ③ 의회에서 위원회가 열려 진상조사를 한 후 퇴임하였다. 이후 캐나다에서는 과연 일반인 출신 경찰청장이 바람직한지에 대해 찬반 의견이 있다.

우리 경찰의 경우, 경찰청장은 치안정감 계급에서 임명하도록 되어 있으나, RCMP는 국민 누구든지 경찰청장에 선임될 수 있다. 2018년 5월 신임 경찰청장으로 치안정감급(Deputy Commissioner)이 아닌 치안감급(Assistant Commissioner)인 Alberta주 Brenda Lucki가 경찰청장으로 임명되었다.

11) 캐나다는 영연방국가로서 국가와 주에 각각 영국 여왕을 대리하는 총독이 있으며, 경찰청장 임명에서 총독은 형식적 권한을 가지고 있고 실질적 권한은 국민들의 선거에서 당선된 수상이 가지고 있다. RCMP를 관할하는 경찰위원회 같은 조직은 없다.

12) 수년 전 토론토 시장에 대한 마약 매매 혐의 수사 시, 토론토 경찰은 시 정부로부터 예산을 받고 청장 임명권이 있는 시장 수사를 주저하다가 인근 연방경찰에 수사를 하도록 통보하였다.

- Commissioner(경찰청장): 1
- Deputy Commissioners(부청장): 5
- Assistant Commissioners: 31
- Chief Superintendents: 57
- Superintendents(대도시 경찰서장): 190
- Inspectors(대도시 경찰서 과장, 1개서에 2-3명): 328
- Corps Sergeant Major: 1
- Sergeants Major: 7
- Staff Sergeants Major: 13
- Staff Sergeants(경감급): 829
- Sergeants: 1,989
- Corporals(경찰서 수사팀장, 순찰팀장, 경위급): 3,510
- Constables(실무 경찰관): 11,764
- Special Constables: 124
- Public Service Employees(PSE, 주 또는 시정부 소속): 7,428
  PSE는 범죄신고 전화접수, 회계, 건물관리, 우편 수발신, 컴퓨터 네트워크 관리, 경찰차량 관리 등 담당
- Civilian Members(CM): 3,576
  범죄 및 과학수사 분석, 경찰관 채용 협력, 홍보전략 등 담당
- 총: 29,853명

(1) Public Service Employee(PSE)

RCMP(연방경찰)조직 안에서 근무하는 인력은 크게 전문 직업경찰관(Sworn Officer), PSE 그리고 CM으로 구분된다. PSE는 지방경찰청이나 경찰서 내에서 법률 집행과 직접 관련이 없는 업무를 수행하는데 예를 들어 범죄신고 전화접수, 회계, 건물관리, 우편 수발신, 컴퓨터 네트웨크 관리, 경찰차량 정비 및 관리 등을 담당한다.

PSE는 RCMP 소속 공무원이 아니고 주 또는 시 정부 직원이며, 채용 및 급여를 주와 시 정부에서 부담한다.

(2) Civilian Members(CM)

CM은 정식 경찰관은 아니어서 직접적 법률 집행은 못하지만 법률 집행 업무와 관련이 있는 경찰업무를 담당하는데 예를 들어 범죄 분석, 과학수사 분석, 경찰관 채용 협력(coordinate), 홍보전략 등을 담당한다. 이들은 RCMP에서 직접 채용하고 급여도 RCMP에서 담당한다.

(3) PSE와 CM의 운용의 차이

RCMP가 일반 행정직원을 운용하는데 있어 업무상 큰 차이가 없음에도 이러한 방식을 운용하는 것은 캐나다의 독특한 '계약치안(Contract Policing)'의 특성에 기인한다. 법률을 집행하는 수사관, 순찰경찰관, 교통경찰관 같은 인력의 채용과 교육을 위해서는 많은 예산이 소요되므로 전문성이 조금 덜 필요한 일반 행정업무는 RCMP가 직접 고용한 CM이나 주 정부 또는 시 정부가 고용한 PSE를 활용하여 처리한다.

그러나 RCMP의 인력 운용에 대한 미래 방향은 모든 CM을 PSE로 전환하려는 것으로 현재 이에 대한 논의가 진행되고 있다.

6. BC주 Surrey 연방경찰서 조직 및 인력 현황

RCMP(연방경찰)조직에 대한 계층 구조, 시 정부와의 관계, 그리고 예산 등에 대한 이해를 돕기 위해 연방경찰의 최일선 조직인 RCMP detachment(우리의 경찰서 격) 중 하나인 BC주 광역 밴쿠버지역에 소재한 Surrey RCMP(써리 경찰서)를 소개하고자 한다. 1950년 Surrey 시의회는 치안 담당업무를 당시 도시 자치경찰청에서 연방경찰(RCMP)로 이관하였다.

(1) 경찰력 현황

Surrey RCMP Detachment(써리 연방경찰서)는 캐나다 연방경찰 내에서 가장 규모가 큰 경찰서로서 주민수는 517,998명이고, 정규 경찰관, 민간공무원, 자원봉사자를 합해 1,000명이 넘는다.

(2) 예산

2017/2018 회계연도의 예산 중에서 연방정부에서 동 예산의 10%를 부담하고, 90%는 Surrey 시가 부담한다.

(3) 연방경찰서장 임명

연방경찰서장 선발 시에 Surrey 시장은 면접과 선발과정에 직접적으로 관여한다. 연방경찰서장에 대한 임명 권한은 RCMP 청장이 가지고 있으나 '시'는 계약 치안(Contract Policing)에서 중요한 당사자이기에 시장에게 경찰서장 임명 시 Veto(거부권)를 부여한다. 연방경찰청장이 후보자 3명을 시장에게 제시하면 시장은 부적절한 후보자에 대한 Veto 권한을 행사하고, 최종적으로 연방경찰청장이 연방경찰서장을 임명한다.[13]

캐나다 연방경찰서의 책임자인(Officer In Charge: OIC) 경찰서장은 도시의 규모에 따라 경무관급(Assistant Commissioner)부터 경위급(Corporal)까지 다양하게 구성되어 있다. 인구 50만명이 넘는 Surrey 경찰서의 경우에는 경무관급이, 인구 10만－40만명 정도 규모의 시는 총경급(Superintendent), 그 보다 규모가 작은 도시는 Inspector(경정급), Staff Surgeant, Surgeant(경감급) 등이 경찰서장을 맡고 있다.

---

13) 2016년 9월 BC주 Surrey RCMP 서장을 임명 시 Surrey 시장은 후보자 3명에 대해 면담을 실시하였다. 이후 연방경찰청장은 후보자의 정신상태, 개인 프로필, 중요 이슈 관리, 리더십 스타일, 언론 대응 능력 등을 점검하여 경찰서장을 임명하였다.

(4) Surrey 경찰서 조직 현황[14)

이 경찰서는 캐나다 연방경찰 중 조직 규모가 제일 크고, 사건발생 건수도 제일 많은 곳으로 경찰서조직은 5개의 주요 분야로 구성되어 있다.

1) Operations(현장국)

Operations의 중심은 제복을 착용하는 General Duty(GD)인데 이 부서는 긴급 그리고 비긴급 신고를 담당하며 순찰차 또는 도보로 관할지역을 순찰한다. 주로 차량 순찰을 하면서, 911신고 처리, 교통사고 처리, 가택 구금자 확인 등 근무 중 도로에서 경찰관들이 접하는 사회불안 요소를 단속한다. 전체 정규 경찰관 400여 명 중 200여 명이 General Duty 소속으로 4개 팀으로 나누어져 근무한다. 각 팀은 4일 근무 후 4일 비번을 갖는데 주간(오전 6시부터 오후 6시)-주간-야간(오후 6시부터 다음 날 오전 6시)-야간 근무를 하고 이후 4일간 비번을 갖는 시스템으로 운영한다.

Operations에는 Operational Review Unit(현장업무 검토계)이 있는데 이 Unit은 911신고 처리 적정 여부 및 재판서류 작성 적정 여부를 검토하는 Surgeant(경위급) 계급 5명이 근무한다. 이들은 당일 사건처리 결과를 전산망을 통해 검토하고, 재판관련 서류를 검찰에 보내기 전 법리를 검토하여 의율의 적합성, 증거 수집의 충분성 등을 검토한다.

2) 수사국(Investigation Services)

사복 근무 경찰관들로서 수사업무를 수행하는데 Major Crime과에는 중요 범죄 미제 살인사건 수사를 담당한다. Targeted Enforcement과에서는 강도, 경제사범, 고위험군 범죄자 수사를 담당한다. 취약자과에서는 가정폭력 수사, 실종자 수사, 정신이상자와 피해자 업무를 담당한다.

---

14) http://surrey.rcmp-grc.gc.ca/ViewPage.action?siteNodeId=2215&languageId=1&contentId=674.

3) 지역사회국

사전적인 지역사회 경찰활동, 제복 교통단속, 마약과, 재산범죄(절도계, 주거침입강도계), 범죄정보계, 조직범죄과, 교통과, 지역사회팀, 청소년담당팀 등으로 구성되어 있다.

4) 현장 지원국

교육훈련개발과, 미디어과, 직업윤리과(Professional Standards Unit), 전략과, 특별 행사팀과 긴급기획팀으로 구성되어 있다.

5) 지원국

민간공무원들로 구성되어 있으며 경찰활동을 지원하는데 '현장팀 커뮤니케이션 센터'는 모든 긴급 또는 비긴급 신고를 접수하고 경찰관을 사건에 배치한다. 범죄분석과, 피해자 서비스과, 청소년개입 프로그램계, 사법복구 프로그램팀, 범죄예방과, 정보통신계로 구성되어 있다.

7. 경찰서장의 조직의 신설·통합·분리·인원 조정 권한

우리 경찰의 경우에 경찰서장은 치안환경이나 기술의 변화, 새로운 이슈의 등장, 또는 업무량이 줄어든 경우에 정원(定員)을 증원하거나 감축할 수 있으며 이렇게 정원을 조정한 때에는 지방경찰청장에게 보고하여야 한다.[15]

또한 경찰청 훈령에 따라 지방경찰청이나 경찰서의 과(課) 또는 과의 하부조직인 계·대·팀을 설치는 경찰청 훈령에 모두 정하여져 있으며, 경찰서의 하부조직인 지구대·파출소·출장소의 설치와 폐지 또는 명칭·위치 및 관할구역 변경을 하고자 할 때에는 지방경찰청장은 경찰청장에게 보고하여야 한다.

그러나 캐나다 연방경찰(RCMP)의 각 경찰서(RCMP Detachment)[16]에서는

---

15) 경찰청과 그 소속기관 조직 및 정원관리 규칙 13조.
16) RCMP(연방경찰)의 경찰서 격인 Detachment는 통상 도시 이름을 따서 Surrey RCMP,

'새로이 인원을 충원하지 않고 현재 인원으로 변화된 치안상황에 대응하기 위해 경찰서 내에서 조직을 분리, 통합, 신설하는 것은 완전히 경찰서장의 책임' 하에 이루어지며, 이를 지방청장이나 경찰청장에게 보고할 필요도 없다. 단, 경찰관이든 민간공무원이든 간에 인원이 새롭게 충원된다면 '이는 예산이 새롭게 추가되는 것이기에 지방청장 또는 경우에 따라 경찰청장에게 보고하고 승인을 받아야 하며 조직 운영에서 예산만 추가로 소요되지 않는다면 현재 인원을 가지고 어떻게 조직을 편성하여 경찰서를 운영하든 모두 경찰서장의 책임과 권한하에서 이루어진다.

 캐나다 경찰이 경찰서 내 조직 신설, 폐지, 정원 조정 등을 이렇게 운영하는 이유는 치안상황은 마약 다발지역, 주택가 침입절도 다발지역, 상가 침입절도, 재산범죄 과다 지역, 야생동물 출현, 해안지역 등 모두 다르기 때문에 경찰서장에게 권한을 주는 것이 합리적이기 때문이라고 한다.

 캐나다 연방경찰에서 Surrey 경찰서, North Vancouver 경찰서, Coquitlam 경찰서뿐 아니라 도시 자치경찰인 VPD(밴쿠버경찰청) 등에서 특별범죄단속계 (Strike Force Unit),[17] 제복 단속팀(High Risk Persons인 고위험자들인 우범자 담당), GRU(General Review Unit, 사건처리 및 재판서류 검토팀) 등 다양한 조직을 지속적으로 재편성, 폐지, 새로운 조직 신설, 기존 조직 통합, 기존 조직 분리, 인원 축소 등을 실시하고 있다.[18]

 Coquitlam RCMP, Burnaby RCMP 등으로 불린다.

17) North Vancouver 경찰서에는 15명의 경찰관으로 Strike Force Unit(특별범죄단속계)을 운영하고 있다. 이 수사팀은 2016년 12월 상가 건물에 대한 침입 절도가 많이 발생하자 관내 우범자 중 유력한 용의자가 야간에 집에 있는지를 확인(통행금지, Curfew, 법원의 결정)하고, 주변에서 잠복하기도 하고, 법원으로부터 영장을 발부받아 용의자의 차량에 tracker(추적기) 부착하는 등의 수사를 하였다. 이 수사팀은 2016년 12월 1달여 동안 7건의 상가 건물 침입절도 사건을 해결하였다.
   이 수사팀에서는 당시 약 200여 건의 자전거 절도가 발생하자 자전거에 추적기를 부착하고 자물쇠를 잠궈 시내에 두고 용의자 검거하기도 하고, 차량절도가 빈발하자 경찰의 수사용 차량에 비디오와 추적기를 부착한 후 자동차 절도범 검거 등을 활발히 하고 있다.

18) Richmond RCMP 경찰서장은 2018년 상반기 자체 조직 개편을 실시하면서 경찰관 14명 규모이던 교통과를 업무량 변화로 인해 Sergeant(경위 또는 경감급) 1명과 4명의 교통경찰관으로 축소하였다. VPD도 정기적으로 각 부서별 업무량 분석을 하고 있는데, 2015년 업무분석 후에 경찰선박계의 인원을 축소하였다.

특히 Coquitlam 경찰서의 경우,[19] Prolifice Target Team(고위험대응팀)을 운영하고 있는데 이 부서에서는 '소수의 위험성 높은 자들이 많은 범죄를 일으키기에 마약 유통, 조직범죄, 침입절도, 차량절도, 강력범 전과자들을 주 타겟으로하여 주야간 이들의 소재 확인과 추적 등을 실시한다.

우리 경찰의 경우, 국가 경찰체제의 특성상 조직과 정원의 합리적이고 효율적 운영을 위해 중앙조직인 경찰청에서 업무의 양과 성질을 끊임없이 모니터링하고 이를 조정하지만 캐나다 경찰의 경우, 후술하는 계약치안[20]에 따라 국가가 자치도시에 치안제공을 대가로 예산을 지원받기에 확정된 예산하에서 가장 효율적인 경찰서 운영을 위해 경찰서장에게 업무환경 변화에 따라 신속히 조직 편성, 폐지, 정원 조정을 할 수 있는 권한을 부여한 것이다.

또한, 우리의 경우 경찰서장의 임기가 통상 1년인 반면에 캐나다 경찰서장들의 임기는 통상 4년이어서 경찰서장에 대한 성과 평가와 책임성을 확보할 수 있다. 따라서 경찰서 내 과나 계 단위의 조직을 신설, 폐지, 통합, 분리할 수 있는 권한을 경찰서장에게 부여하는 것이 부단한 기술과 환경의 변화에 대한 신속한 대응이라는 측면에서 합리적이라 판단된다.

경찰서 운영에 따른 성과와 그 책임을 경찰서장에게 부담토록 하고, 시민들의 민주적 통제가 활성화되면 향후 우리 경찰도 경찰서의 기존 조직 폐지, 통합, 분리, 새로운 조직 신설 권한은 경찰서 전체 정원을 유지하는 범위 내에서 경찰서장에게 부여하여 각 지역마다 다른 치안환경에 신속히 대응할 수 있도록 하는 방안을 검토할 필요가 있어 보인다. 치안 상황은 도시와 농촌지역, 주택가와 상가지역 등 지역 특성에 따라 모두 다르기 때문에 경찰서장에게 권한을 주는 것이 합리적이기 때문이다.

---

19) Coquitlam 경찰서는 광역 밴쿠버 지역에서 3-4번째 규모의 경찰서로서 경찰관 220명과 민간 직원 등 총 400명이 근무하고 있다. 서장 직속으로 고객서비스팀, 범죄분석팀, 행정팀, 청문팀이 있고 큰 부서는 3개가 있는데 이는 Opreation Support Section, Operation Section (순찰 담당) 그리고 지원부서로 Civilian Police Service(IT, 서무, 시설, 기술, 피해자보호 등) 가 있다.
20) 4절 2.의 '계약치안(Contract Policing'에서 자세한 것을 설명하기로 한다.

8. 캐나다 경찰, 보수 · 연금 · 연가 제도

(1) 캐나다 연방경찰(RCMP)의 보수(2016. 4. 1. 기준)[21]

1) Constable(순경-경사)의 경우에 순찰과 교통 단속 및 수사 등 실무 업무를 수행하는 중심 계급인데 이들은
   - 교육 후 임용 시에 연 53,144 CAD(한화 약 5천만원)
   - 임용 후, 6개월 근무 후 $69,049,
   - 12개월 근무 후 $74,916,
   - 24개월 근무 후 $80,786,
   - 36개월 근무 후 $86,110 CAD(한화 약 8천만원)를 수령한다.

처음 Constable로 입직 후 근무기간이 경과하면서 업무 숙련도가 높아지기 때문에 36개월까지는 급여가 점증적으로 증가하나, 36개월 이후에는 근무기간에 따른 급여의 변화는 없다. 우리와 같은 근속 연수에 따른 호봉이나 급여 인상 개념은 없으며 동일 직무에 대해 동일 급여를 지급한다는 개념이 바탕을 이루고 있는 것이다.

2) 상위 직급인 Corporal(경위급, GD팀장 또는 수사팀 팀장)은 90,842~94,292 CAD
3) Sergeant(경감급)는 99,790~102,775 CAD,
4) Staff Sergeant(경감급: 지방청 수사계장, 대규모 경찰서 상황실장)은 109,002~112,028 CAD,
5) Inspector(경정급: 경찰서 과장급)는 123,100~132,194CAD.
   Inspector 계급 이상부터는 시간외 근무에 대한 금전적 보상은 없다.
6) Superintendant(총경급: 대규모 경찰서장급): 139,470~146,735 CAD(한화 약 1억 4천만원)를 수령한다.[22]

---

21) http://www.rcmp-grc.gc.ca/en/salary-and-benefits

(2) 연가와 휴가

0−5년 미만 근무 중에는 연 15일, 5−10년에는 20일, 10−22년에는 25일, 23년 이상 경찰관은 연 30일의 휴가를 가진다. RCMP 경찰관들은 통상 연가를 모두 사용하며 1회에 2−4주 정도의 휴가를 즐긴다.

출산 휴가(Maternity leave)는 여성 경찰관에게 급여의 93%를 지급하면서 17주간 허용되며, 육아 휴가(Parental leave)는 모든 경찰관에게 급여의 93%를 지급하면서 37주간 허용된다.[23] 아빠와 엄마 모두 육아 휴직이 가능하며 임산부의 경우, 출산 후 별도로 육아 휴가를 허용한다.

위로 휴가(Compassionate leave)는 가족의 사망, 본인과 가족의 위급한 질병 등이 있을 때 실시하며 통상 14일 또는 30일이 허용되나 승인을 받으면 기간의 제한 없이 위로 휴가를 실시한다. 1년 넘게 이 휴가를 실시하는 경우도 있으나 요즘 RCMP에서는 장기 휴가자에게 퇴직을 권고하고 있다.

(3) 연금[24]

연방경찰관은 재직 20년 후부터는 퇴직연금을 수령할 수 있다. 연금 액수는 퇴직 직전 5년 임금의 평균을 기준으로 계산하며, 이 '평균 임금'에는 시간외 근무는 계산하지 않는다.

재직 기간 1년마다 퇴직 후 수령하는 연금은 '평균 임금'에서 2%씩 증가한다. 재직 25년 근무자는 사망 시까지 연금으로 '평균 임금'의 50%를 수령하고, 30년 근무자는 '평균 임금'의 60%, 35년 근무자는 '평균 임금'의 70%를 수령하며 최대 연금 수령액은 평균 임금의 70%이다.

---

22) 그러나 연방경찰관들은 자치경찰인 Vancouver 경찰관에 비해 급여가 매우 적어 불만이 높아 임금인상을 지속적으로 요구하고 있고, 일부 연방경찰관들은 퇴직하고 VPD 등 자치경찰로 이직을 하기도 한다.
23) http://www.rcmp−grc.gc.ca/en/salary−and−benefits
24) Canadian registered pension plans이 따라 RCMP의 연금도 적용된다.

3절 **시 자치경찰 – 밴쿠버 경찰청(VPD) 중심으로**

밴쿠버, 캘거리, 위니펙 등 많은 시(City)들은 자체적으로 경찰조직을 운영하고 있다. 역사적으로 캐나다에서 사람들이 많이 모여 사는 시에서 '시 의회'의 결정으로 도시의 치안을 유지하기 위해 '시 경찰'을 창설하였다.

각각의 시 경찰은 많은 부분에서 서로 공통적인 면을 가지고 있으나 세부적인 내용에서 상이한 부분도 있으므로 이 연구에서는 밴쿠버경찰청(Vancouver Police Department, VPD)을 중심으로 고찰하였다.

1886. 5. 10 밴쿠버 시의회는 당시 야경꾼(night watchman)이던 John Stewart를 한 명의 경찰조직인 VPD 경찰청장으로 임명하면서 VPD의 역사는 시작되었다.

1. VPD의 임무

시에 설치된 경찰조직은 'BC주 경찰법'에 규정된 권한과 임무를 수행한다. BC Police Act 26(2)조에 따라 VPD는 연방형사법(Criminal law),[25] 주 법, 그리고 시 법(by-law)에 대한 위반사항을 단속할 권한을 가지고 있으며 밴쿠버 시에서 법률과 질서를 유지하고 범죄를 예방하는 임무를 수행한다.[26]

2. 밴쿠버경찰위원회(Vancouver Police Board)[27]

자치경찰조직을 구성하여 치안을 제공하고자 하는 시 의회는 'BC주 경찰

---

25) 연방법으로서 범죄의 성립, 형벌 그리고 형사절차를 규정하고 있으며 우리의 형법과 형사소송법을 합한 형식이다.

26) VPD Regulations and Procedures Manual, 1.1 Jurisdiction and Authority와 Britich Columbia Police Act 26(2).

27) https://vancouver.ca/police/policeboard/index.html

법(British Columbia Police Act)' 23조에 따라 주 장관의 승인를 받고 '경찰위원회 (Police Board)'의 지휘(governance)를 받는 경찰청(Police Department)를 구성하여 야 한다.

  밴쿠버경찰위원회는 위원장직을 수행하는 시장,[28] 시의회에서 임명한 1 인, 그리고 주 총독이 치안행정국장과 협의하여 임명한 총 7인 이하의 사람들 로 구성한다. 시 의원이나 부적절한 사람은 경찰위원에 선임될 수 없다. 위원들 의 임기는 4년이며, 재임용될 수 있으나 연장 임기 6년을 초과할 수 없다.

  이에 따라 밴쿠버경찰위원회는 VPD의 고용인이자 지휘자(governing body) 이다. 이 위원회는 경찰치안 활동에 대한 민간 통제와 감시를 한다. 밴쿠버경찰 위원회는 'BC Police Act'에 따라 설립된 독립적이고 자율적인 조직체이며 이 러한 제도는 경찰위원회를 정치적인 것으로부터 막는다.[29]

  '경찰위원회'는 동 법 26(1)조에 따라 해당 시에서 치안서비스를 제공하는 경찰청을 설립해야 하며, 경찰청장과 경찰관들을 임명한다. 또한, 경찰위원회 는 관련 법과 공동체의 필요에 따른 일반적인 지휘를 경찰청에 실시한다.

  동 법 26(4)조에 따라 경찰위원회는 자치경찰청장과 협의하여 경찰의 우 선순위와 목표를 정하여야 한다. 그리고 경찰청장은 그 우선순위와 목표를 달 성하기 위한 프로그램과 전략 실행에 대해 경찰위원회에 매년 보고하여야 한 다. 이외에도 경찰위원회는 정규 경찰관과 민간공무원의 고용, 경찰의 정책과 기본 방향의 설정, 재정 감독, 경찰 정책과 서비스에 대한 불평에 대한 처리 권한이 있다. 경찰 정책과 서비스에 대한 불만은 경찰조직의 일반적 지휘, 관 리, 부적절성에 관한 것이다. 위원회는 경찰관 개개인의 행위에 대한 불만은

---

28) BC Police Act 25(1)조
29) 캘거리경찰위원회 홈페이지에서도 경찰위원회의 책임과 권한으로 시 의회에서 제공된 예 산을 경찰청장과 협의하여 할당, 경찰청장에게 필요한 지침 제공 등이라고 설명하고 있다. 위원회는 경찰청장의 임명과 그의 업무실적을 평가하는 책임이 있다. 경찰위원회는 경찰청 장을 통하여 캘거리 경찰청에 지침을 제공한다. 경찰청장은 매일매일의 경찰활동에 대한 책임이 있다.
  캘거리경찰위원회도 '치안서비스는 반드시 정치적 영향력 없이 작용되어야 한다'고 설명하 고 있다. 캘거리경찰위원회는 Alberta주 경찰법에 의해 설립되었으며, 시 의회에서 정한 하 위법령인 Bylaw에 따라 활동한다. 경찰위원회는 캘거리 경찰청이 사용한 예산 사용에 대해 정기적으로 시의회에 보고한다.

감독할 권한은 없다. Conduct complaints라고 불리는 경찰관 개개인의 행위에 대한 불만은 VPD 청장이 담당하며 청장 소속 직업윤리과(Professional Standard Section)에서 취급한다. 단, 경찰위원회 위원장은 경찰청장(Chief Constable)과 부청장(Deputy Chief Constable)의 Conduct complaint에 대한 지도(discipline) 권한을 갖는다.

밴쿠버경찰위원회는 자체 '정책과 절차 매뉴얼(Board Policy and Procedures Manual)'을 가지고 있으며 이 매뉴얼은 경찰청을 성공적으로 지휘하는 기반이 된다.[30] 이 매뉴얼에서는 의장의 임기, 부의장의 역할, 위원회의 임무, 회의 개최, 구성, 위원회의 독립성, 권한 등을 규정하고 있다.

3. VPD 인력 현황

밴쿠버 경찰청은 경찰관 1,400여 명과 민간공무원 400여 명 등 총 1,800여 명으로 구성되어 있다. 경찰관들은 수사, 법률 위반 단속을 실시하고 민간공무원들은 유치장 관리, 연구, 예산업무 등을 담당한다. 여성 경찰관의 숫자는 전체의 24%이다.

4. VPD의 조직

(1) VPD 청장의 임명

밴쿠버 경찰청(VPD)을 비롯하여 캘거리 경찰청(Calgary Polilce Setvice) 등 상당수 도시 자치경찰의 책임자 임명은 주 법에 따라 구성된 '경찰위원회'에서 이루어진다.

경찰위원회는 구체적 사안이 아닌 일반적인 지침과 예산 재배정 권한을 가지고 있는데 이는 경찰과 정치의 분리를 역사적인 중요한 의제로 여겨 의회가 경찰을 직접 통제할 수 없도록 하고 있기 때문이다.

---

30) https://vancouver.ca/police/policeboard/manual.htm

경찰청장의 임기는 4년이며 경찰위원회와 계약에 따라 연임할 수 있다.

(2) VPD 조직[31]

경찰청장 아래에 3개의 국(Division)과 4개의 담당관(Section)이 있다. 주요 3개 국은 Operation국, 수사국, 행정지원국인데 각 부서별 세부 임무는 아래와 같다.

수사경과나 일반경과 같은 경과 구분은 없으며 상당수 경찰관들은 제복 부서에서 5년여 순찰업무를 하다가 형사(Detective) 부서 등 전문 부서로 이동하는 경우가 많고, 형사에서 승진을 하여 제복팀 팀장으로 이동하는 경우도 많다. 부서간 이동 칸막이가 없이 능력에 따라 적재적소의 인사원칙으로 자유로이 이동한다.

1) Operation Division

국장(부청장) 아래에 북부 순찰과장과 남부 순찰과장으로서 2명의 총경급이 있다. 주로 제복을 착용하고 순찰차를 운전하면서 순찰, 911신고출동, 교통단속, 단기간에 종결할 수 있는 사기, 실종, 성폭력 등 형사사건을 처리한다. 처리에 장시간이 소요되는 범죄수사나 사고는 수사국 해당 전문 부서로 이관한다. VPD 경찰 전체 인력의 1/2 정도가 이 업무를 담당한다.

가) 북부 순찰과장

'북부 순찰과장'의 지휘하에 1구역(구역장은 경정급), 2구역, EOPS(Emergency and Operations Planning Section),[32] 중앙 OPS(Operations) 지원계, 경찰견 부대[33]

---

31) https://vancouver.ca/police/organization/index.html
32) EOPS는 행진, 퍼레이드, 걷기 행사, 달리기, 시위, 축제, 콘서트, 스포츠행사, 영화 촬영, 재난재해 등을 담당한다.
33) 밴쿠버 경찰청은 'Police Dog Suad'에는 경찰견 15마리와 핸들러 경찰관 15명, RCMP중 제일 규모가 큰 Surrey 경찰서도 경찰견 15마리 등 광역 밴쿠버(주민수 250만)에서만 경찰견 약 80여 마리가 운용되고 있다.
   밴쿠버 경찰은 1950년대부터 경찰견을 운영하고 있는데 경찰견들은 도주하는 범인 추격, 숨어 있는 범인 검거와 모자·장갑 등 유류된 증거물 수색을 주로 수행하고 있다. 경찰견과 등이 있다.

나) 남부 순찰과장

남부 순찰과장은 3구역(경정급 지휘), 4구역, 교통, Emergency Responce (경정급)을 운영한다. Emergency Responce Unit은 고위험성 사고인 무기, 인질, 협상 등을 담당하며 고층건물, 교각, 크레인, 해양 선박, 산악지대 사고 등을 처리한다.

2) 수사국(Investigation Division)

수사국장(부청장) 지휘하에 2명의 총경급을 과장으로 수사과(Investigative Services)와 수사지원과(Investigative Supports Services)가 있다.

수사과는 Major Cirme Section(MCS, 강력팀), 조직범죄팀, 특별수사팀으로 각각 경정급이 팀장을 맡고 있다. 여기에서는 범죄정보 수집, 분석, 상습범 및 우범자 관리, 가정폭력, 성폭력, 마약, 살인사건 등을 담당한다.

수사지원과는 전술지원팀, FIU(Forensic Identification Unit, 과학수사계),[34]

핸들러가 시내를 차량으로 순찰중 경찰서 상황실로부터 지원 명령을 받으면 일반 순찰경찰관, 경찰헬기와 함께 범인을 추적한다. 2015년 밴쿠버 경찰청의 경우, 'Police Dog Squad'에서 연간 약 300명의 범인을 검거하고 있다.

34) 밴쿠버 경찰청의 FIU(Forensic Identification Unit, 과학수사계)에는 총 60여 명의 경찰관이 근무한다. 근무체제는 오전 7시-오후 5시까지 근무조와 오후 5시-밤 12시까지 근무조가 있으며 야간 긴급 상황시에는 퇴근한 근무자들이 다시 나와 업무를 처리한다.

FIU에 지원하기 위해서는 근무경력 5년 이상의 경찰관이어야 하고 학력이나 전공 등과 상관없이 업무를 수행할 수 있는 능력과 자격이 있는지가 선발 기준이다. 면접 시에는 형사소송법상 증거수집 분야에 대해 집중적으로 질의한다.

FIU 수사관으로 선발된 자는 오타와에 소재한 경찰 과학수사교육원에서 3개월 동안 전문교육을 이수하며, 다시 현장에 배치된 후에도 1년간은 단독으로 현장에서 증거 수집을 하지 못하고 전문가 인증 자격을 가진 경험있는 경찰관과 함께 근무한다. 전문가 인증 자격을 획득하고 나서 단독으로 현장에서 증거수집 및 자살과 타살 판단 등을 실시하는 감식요원이 된다.

FIU 요원으로 선발된 자는 의무적으로 7년간 해당 과학수사 업무를 수행해야 한다. 그 이유는 FIU 전문 경찰관을 양성하는 데에도 시간이 많이 소요될 뿐만 아니라, FIU 요원들이 법정에 출석하여 증거에 관한 증인신문에 많이 참여하기 때문에 매우 전문성이 높은 인력이 필요하기 때문이다.

이들의 임무는 범죄현장에서 증거수집과 이를 분석한 후 이를 수사팀에 제공하는 한편 간혹 법정에서 증거에 대한 진술을 하며, 범죄현장에서 DNA 수집·지문채취·타이어흔·족

GIS (General Investigation Section, 형사팀),[35] YSS(청소년 서비스계)로 구성되어 있으며 각각 경정급들이 팀장이다. 여기에서는 주로 재산범죄, 학교경찰, 성범죄, 실종사건 등을 담당한다.

3) 행정지원국(Support Services Division)

행정지원국장(부청장) 산하에 인사과, 정보서비스과, 예산과가 있다. 인사과장은 총경급 경찰관이 담당하고 정보서비스과와 예산과는 일반직이 담당한다.

인사과에는 승진복지계, 채용교육계, 감찰윤리계가 있고 정보서비스과에는 정보와 통신기술, 정보관리, 법원과 구금장 관리계,[36] 경찰 선박계, 시설관리계, 개인정보관리계가 있다.

4) 기타 밴쿠버 경찰청장 직할 4개 담당관실에는

　　－ 기획·연구·회계 담당관실(책임자 일반직)
　　－ 공보담당관실 : 언론발표, 대변인 업무(책임자 일반직)
　　－ 다양성 담당관실 : 이민자사회, 소수인종, 원주민 등 담당 업무
　　－ 관리자서비스 담당관실(책임자 경정급)이 있다.

적흔 증거 수집, 범죄현장에 대한 비디오와 디지털 영상 녹화 및 재생, 수사팀 지원을 위한 안면 및 백골 재생, 대규모 재난으로부터 발생한 피해자 신원 확인, CCTV나 휴대폰 저장 영상 등 분석, 자타살 구별, 컴퓨터 등 분석 등이다.
　FIU 경찰관들은 높은 전문성 인정되어 기본급의 5%를 별도 수당으로 수령한다.
35) Major Crime Section과 General Investigation Section은 임무가 비슷하나, MCS은 살인사건 등 비교적 수사에 장시간이 소요되는 사건을, GIS는 이 보다는 단시간이 소요되는 사건을 담당한다.
36) 동 Unit의 재판 담당 경찰관은 신임 경찰관 또는 법리 실력에 의문이 있는 경찰관이 재판에 증인으로 참석할 경우, 법정에 방청객으로 참석하여 모니터링을 한다. 재판에서 경찰관이 판례나 법률을 잘 이해하지 못하는 경우에는, 담당 경찰관의 상급자에게 바로 연락하여 '관련 교육 필요' 등을 제언하면서 경찰관들의 수사 능력 증진을 도모한다.
　이렇게 자체적으로 재판 모니터링을 하는 이유는 수사경찰관이 증거수집 절차를 위반한 경우, 많은 예산과 인력을 투입하여 수사한 것이 재판에서 제대로 심리도 하기 전에 기각되기 때문이다.

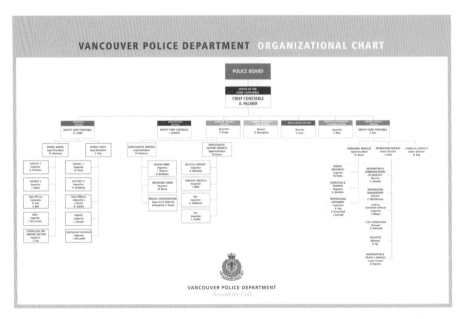

〈VPD organization chart, Calgary police service organization chart〉

캐나다 연방경찰(RCMP)뿐 아니라 밴쿠버 경찰청(VPD)의 조직 편제에서
보는 것처럼 캐나다의 경찰력은 범죄수사와 제복 근무에 집중되어 있다. 우리
경찰조직 개선 시에 기획, 행정, 홍보 업무보다는 실제 발생하는 범죄의 수사,
주민신고 사건 처리, 범죄예방에 더욱 많은 관심을 두고 조직을 개선해야 할
것으로 보인다.

5. 급여와 복지제도

밴쿠버 경찰청의 급여와 연금 등 복지제도는 캐나다 정부와 사기업체를
통틀어 가장 좋은 수준으로 평가받고 있다.[37] 밴쿠버 경찰은 북미대륙에서도
뉴욕, LA, 시카고 경찰과 함께 급여가 높은 4대 경찰에 속한다. 고용주인 밴쿠
버경찰위원회와 VPD노조 간의 협약에는 캐나다 경찰조직 중 가장 높은 급여

---

37) VPD 홈페이지에서 자신들의 복지에 대해 설명한 내용이다.

를 제공한다는 내용이 있고, 다른 지방자치경찰조직이나 연방경찰은 VPD의 급여를 기준으로 하여 노사협상을 한다.

2018년 기준 최하위 계급인 Constable의 연봉은[38] 다음과 같다.
- 수습기간 - $70,154
- 4th Class Constable (after 1 year) - $75,165
- 3rd Class Constable (after 2 years) - $80,176
- 2nd Class Constable (after 3 years) -$90,198
- 1st Class Constable (after 4 years) - $100,220(한화 약 9천만원)

RCMP와 동일하게 VPD Constable도 재직기간 4년이 초과하면 동일 계급에서 급여 인상은 없다.

아래는 VPD에서 2012년 지급한 급여이다.
- Inspector(경정급) $163,000 - 182,000
- Super Intendent(총경급) $171,000 - 186,000
- Deputy Chief Constable(3명) $214,000 - 238,000
- Chief Constable(VPD 청장) $328,691(한화 약 3억원)

복지 혜택과 관련하여 VPD에서는 초임 근무때부터 2주간의 유급 휴가, 2년차부터는 3주간, 그리고 8년차부터는 4주간의 유급휴가를 실시한다. 의료와 치과 보험에 가입된다. BC주 연금제도(BC Municipal Pension Plan)의 회원으로 가입되며 앞서 설명한 RCMP의 연금제도와 동일하다. 제복근무자에게는 제복과 장비 일체, 제복근무자와 사복근무자에게 세탁비를 지급한다.[39]

---

38) https://joinvpd.ca/police-officers/ 2018년 11월 현재 급여이다.
39) 광역 밴쿠버에 소재한 New Westminster Police Department의 급여와 복지 수준도 그리고 연금제도 등도 VPD와 거의 비슷하다.

6. VPD 경찰노조

밴쿠버 경찰노조는 1918년 7월 창설되었으며 임금과 근로조건에 대한 단체협약과 협상을 담당한다. 동 노조는 BC Labour Code 12조에 따라 활동하며 직장내 안전과 고용기준법에 대한 조언 등을 실시한다.

노조원 수는 VPD 내 총 1,450명의 일선 경찰관, 유치장근무자(Jail Officers)와 Special Constables를 회원으로 하고 있다.

현직 경찰관의 계급별로는 Constable과 Sergeant(경위급), Staff Sergeant(경감급)가 노조원 자격을 가지고 있다. 이후 Inspector(경정급) 이상부터는 노조원 자격이 없다.

경찰조직 내 노조활동은 근무조건 개선 등에서 많은 성과가 있지만 캐나다 내 많은 도시경찰 고용주와 노조는 협력보다는 긴장관계를 형성하고 있다는 평가도 많다. 연방경찰(RCMP)의 경우에는 도시경찰들과 달리 경찰노조 설립이 불법화되어 있다.

7. 우리 자치경찰의 임무와 관련된 논란 검토

(1) 최근 논란

우리나라에서는 현재 자치경찰제 운영이 심도 있게 논의되고 있다. 2019년에는 서울시, 세종시, 제주도 등 세 곳에서 자치경찰제를 시범운영한다. 이러한 논의는 우리 사회의 발전과 경찰의 발전을 위해 매우 의미있는 것이다. 우리가 지금까지 이 책에서 캐나다 경찰조직을 검토하면서 연방경찰, 자치경찰위원회, 자치경찰조직의 임무, 정치적 중립성, 업무 효율성과 관련한 장점과 단점, 그리고 문제점을 보완하기 위한 노력 등을 살펴보고 있는 주요한 이유는 우리나라에서 보다 선진화된, 효율적인 그리고 정치적 중립성을 확보한 경찰조직과 치안정책을 어떻게 디자인하느냐 하는 것이다. 앞으로 전개되는 이 책의 주요 내용도 이러한 방향으로 집필된다.

우리나라의 자치경찰 도입시 경찰의 임무와 관련하여 지난 2018. 12. 26 헤럴드경제를 비롯하여 몇몇 일간지는 다음과 같은 내용을 보도하였다.[40]

26일 헤럴드경제가 전국 자치단체에서 정보공개청구 등을 통해 확보한 '자치경찰제 도입 시 협력 방안'에 따르면 최근 각 지자체는 자치분권위원회에 자치경찰 제도가 도입될 시 자치경찰과 협력할 수 있는 사업 내용 등을 취합해 제출했다.

이달 초 25개 자치구와 내부에서 자치경찰 연계 사업 내용을 취합한 서울시의 경우, 최근 일부 내용이 일선 경찰들 사이에서 돌며 논란이 됐다. 한강 주변 자전거 단속과 불법 주정차 단속에 자치경찰을 투입하겠다는 계획안을 두고 일선 경찰에서는 "구청에서 하기 싫은 일을 경찰에 떠미는 셈"이라며 어이없다는 반응을 내놨다.

실제로 서울 시내 일부 자치구에서 제출한 '협업 사업 발굴' 내용에 따르면 한 자치구는 기존 구청 공무원들이 맡고 있는 금연구역 내 흡연 단속을 자치경찰이 맡아야 한다는 내용의 보고를 작성했다. 흡연 단속과정에서 단속원이 오히려 민원인에게 폭행을 당하는 일이 빈번해 강제력을 갖고 있는 경찰이 나서야 한다는 내용이었다. 이뿐만 아니라 세금 체납 차량의 번호판 영치 시 자치경찰과 함께 단속을 진행해 물리적 충돌에 대비해야 한다는 내용도 포함됐다.

서울의 한 일선 경찰서 생활안전과에서 치안업무를 담당하고 있는 경찰 관계자는 "일부 자치구에서는 구청 공무원들의 업무인 불법 쓰레기 단속이나 관내 정실질환자 관리 등의 업무를 자치경찰에게 이관했으면 좋겠다는 의견까지 낸 것으로 안다"며 "일선 경찰 입장에서는 자치경찰을 단속원 정도로 여기는 것 같다는 느낌을 받았다"고 했다.

일선 지구대에서 근무하고 있는 B 경장 역시 "구청과 협업하면 효율성이 높아지겠지만, 일부 공개된 계획안을 보면 자치경찰의 업무량이 너무 늘어나는 것 같다"며 "일선 경찰 사이에서는 불안하다는 의견이 대다수"라고 말했다.

논란이 계속되자 서울시에서는 "자치구로부터 설문을 받은 것에 그친

---

40) 헤럴드경제 2018. 12. 26자 기사이다.

것"이라며 "실제로 해당 내용이 그대로 시행되는 것이 아니라, 하나의 의견일 뿐"이라고 답했다. 자치구에서도 "해당 내용은 필요한 연계 사업을 발굴하는 과정에서 나온 의견일 뿐"이라고 말했지만, 일부 자치구의 경우 "자치경찰의 도움이 절실한 업무가 많은 것도 사실"이라고 말했다.

서울의 한 자치구 관계자는 "지금도 심야 단속에 나서는 공무원들은 신변의 위협을 느끼고 있다"며 "체포나 수사 등 강제할 방법이 없는 일반 공무원보다는 자치경찰이 단속을 진행하는 것이 더 효율적이라 생각해 의견을 제출했다"고 답했다.

(2) 자치경찰의 정치적 중립성 확보

앞의 기사에서 논란이 되는 것은 경찰의 임무와 관련하여 이를 설정하는 권한을 누가 가지고 있고, 경찰의 임무를 정하는 법률적 근거가 무엇인가 하는 것과 관련되어 있다. 일부 서울시내 구의회에서도 향후 자치경찰이 맡을 업무를 논의하였다는 신문 기사 내용도 있다.

자치경찰조직을 1886년부터 130년 넘게 운영하고 있는 밴쿠버 경찰청, 캘거리 경찰청, 토론토 경찰청 그리고 캐나다와 미국 내 많은 자치경찰조직들은 경찰의 정치적 중립성을 매우 중요한 문제로 삼고 있으며 현재 이들 경찰조직에서 정치적 편향성 논란은 거의 없을 정도로 지방 정치권력과 경찰은 분리되어 있다. 그리고 캐나다 사회가 캐나다 경찰의 정치적 중립성에 대해 의문을 제기하는 사례도 본 기억이 없다.

이렇듯이 캐나다 자치경찰이 정치적 중립성을 확보하고, 지역 정치인들의 정치적 결정으로부터 중립적인 법집행을 하기에 국민들로부터 높은 신뢰를 받는 것이다.

이러한 정치적 중립성을 확립하기 위해 경찰위원회는 자치경찰청장과 경찰관들을 임명하지만 일반적인 지휘만 실시한다. 경찰위원회는 경찰정책의 기본 방향을 설정하고 일반적인 관리만 한다. 구체적인 치안정책과 법률집행은 자치경찰청장의 소관사항이다. 경찰관들에 대한 징계나 훈육도 자치경찰청장이 실시하며 수사 지휘나 구체적 치안활동도 자치경찰청장이 지시한다. 경찰위원회는 경찰청장의 업무실적과 지도에 대한 책임이 있다.

또한, 정치적 중립성을 위해 경찰위원회 위원 선임도 시장·시의회·구의
회가 아닌 BC주 법에 따라 주 총독이, 선거로 임명된 주지사의 보좌기관인
주 치안행정국장과 협의하여 임명한다.

자치경찰의 임무는 시장이나 시의회가 정하는 것이 아니라 BC주 법에 규
정되어 있다. 경찰위원회와 자치경찰청장이 협의하여 매년 경찰의 우선순위와
목표를 정하고, 더욱 세부적인 것은 자치경찰청장이 수립하여 경찰위원회에
보고한다. 시의회는 경찰위원회에서 예산을 배정한다.

이렇게 캐나다 자치경찰조직의 정치적 중립성을 확립하려는 이유는 앞서
설명하였듯이 캘거리 경찰위원회 홈페이지에 "치안서비스는 반드시 정치적 영
향력 없이 작용되어야 한다"고 나타나 있다.

토론토 경찰청도 역사적으로 경찰의 정치적 중립 문제로 인한 뼈아픈 과
거가 있어 현재의 경찰위원회와 집행위원회인 토론토 경찰청으로 운영하고 있
다. 토론토 경찰청은 1834년 설립되었는데, 설립 초기에 시의회 산하로 운영되
면서 유력 정치인들에게 예속되어 반대편 정치인들을 탄압하는 정치 편향적
활동을 표출, "무서운 정치 탄압의 엔진"이라는 비난 초래하여 경찰개혁에 대
한 요구가 비등하였다.

토론토 경찰청 개혁을 위해 1858년 Upper Canada(현 온타리오주) 주정부
에서 Municipal Institutions of Upper Canada Act를 제정, 1859년 경찰관 전원
을 해고하고 경찰조직을 전면 재편하는 경찰개혁을 단행하였다. 이에 따라 주
정부로부터 권한을 위임받은 시경찰위원회 산하로 토론토 경찰청 소속을 이관
하여, 정치적 중립성이 보장되도록 경찰조직을 만들었다.

토론토 경찰조직은 관리감독기관인 경찰위원회와, 집행기관인 경찰청으
로 이루어져 있으며 민간위원들로 구성된 토론토경찰위원회(Toronto Police
Services Board)에서 경찰을 관리 감독함으로써, 경찰에 대한 문민통제와 경찰의
정치적 중립성을 확보하고 있다.[41]

---

41) 민갑룡, 캐나다이 −위기관리 체계에 대한 고찰 및 특징과 시사점 연구, 기관소개란, 2015년 7
   월, 경찰청.

(3) 결론

현재 우리나라의 지방자치경찰 도입과 관련하여 향후 경찰조직을 어떻게 운영하여야 할 것인지 많은 논란이 일어나고 있지만, 반드시 명심해야 할 것은 경찰의 정치적 중립성을 확보하는 것이다. 경찰이 정치적 편향성을 띠고 법을 집행할 때는 우리 사회에 되돌리기 어려운 무서운 해악이 된다. 그것은 대한민국 검사들이 그동안 우리나라에서 비난 받았던 이유이다.

선진국 경찰들이 경찰의 정치적 중립성을 이루기 위해 시장이나 시의회로부터 독립된 경찰위원회를 통하여 경찰을 관리하되, 일반적 사항만 지휘하고 구체적 사항은 자치경찰청장이 지휘하도록 하는 것이다.

이것은 선진국들이 과거를 통해 배운 것이다. 우리 대한민국 경찰도 과거 토론토 경찰처럼 "무서운 정치 탄압의 엔진"이라는 평가를 받았던 전철을 밟아서는 안된다. 경찰의 임무 설정과 관련하여 법률적 근거와 독립된 의사결정체의 관리가 필요하다.

4절 계약치안(Contract Policing)

RCMP(연방경찰)는 연방과 관련된 경찰 사무를 담당하는 외에도 주 정부 또는 시 정부계약을 맺고 해당 지역에서 치안을 제공한다. 이는 주 또는 시 정부가 자체 경찰력을 운용하는 대신 연방경찰과 계약하여 치안서비스를 제공하는 것이 자치경찰을 운용하는 것보다 비용도 적게 소요될 뿐 아니라 연방경찰을 활용하는 데 있어 장점도 많기 때문이다.

1. RCMP, 자치정부들과 계약 현황

앞서 설명한 바와 같이 RCMP는 캐나다 내에서 온타리오주와 퀘벡주만을 제외하고 8개 주와 3개 준주에서 계약에 따라(Contract policing) 180여 개 이상의 자치 시에서 경찰활동을 펼치고 있다. 캐나다 내 13개 주와 준주 중 온타리오주와 퀘벡주는 자체적으로 경찰을 운영하고 있고, 온타리오주의 토론토, BC주의 밴쿠버시, 알버타주의 에드먼톤시 등 도시들은 자체적으로 경찰을 운영하고 있는 반면 자체 경찰력이 없는 도시들은 RCMP와 계약을 체결하여 치안을 유지하고 있다.

캐나다에서는 1906년부터 계약에 의한 치안을 제공하고 있는데 현재 캐나다에서 약 180여 개 도시에서 연방경찰이 경찰활동을 제공중에 있다. 각 도시들이 자체적으로 경찰을 운영하지 못할 경우, 주에 경찰활동 제공을 요청하고, 주는 연방과 계약을 맺어 경찰활동을 제공하고 있는데 현재 국가와 주들 간에 맺어진 계약은 2032년 3월 31일까지이며 계약기간은 20년 단위로 체결한다.

이 계약에 연방경찰이 직접 관여하지는 않고 국가와 주간에 계약을 체결하는 형식이며, 이는 완전히 민사상 계약과 동일하여 20년 단위의 계약이지만 언제든지 상호간에 합의하에 계약을 종료할 수 있다. 단, 계약의 해지를 원하는 경우 당사자는 계약 만기 24개월 전에 고지를 하여야 한다.

2. '계약치안(Contract Policing)'의 계약 내용

(1) 비용 분담 비율 원칙

경찰관·민간공무원(Civilian members)의 인건비, 차량·총기·실탄·복제 등 장비 비용, 건물·주차장 등 부동산 비용, 전기료·통신료 등 모든 경찰활동에 소요되는 비용을 연방과 지방정부가 분담하는 계약을 체결하는데 도시의 규모에 따라 비용분담 비율이 상이하다.

1) 인구 15,000명 이하 도시에서는 지방정부가 70%, 연방정부가 30%의 치안비용을 부담한다.
2) 인구 15,000명 이상의 도시에서는 지방정부가 90%, 연방정부가 10%의 치안비용을 부담한다.

3) 1991년 이후, 연방경찰과 새로이 계약을 체결하는 지방에서는 100%의
치안비용을 지방정부가 부담한다.

많은 자치 도시들이 이렇게 많은 비용을 부담하면서도 자체 경찰력을 운
영하는 대신에 연방경찰과 계약치안을 유지하는 것은 자체 경찰력을 운용할
때 발생하는 인건비 상승, 인력 확충 등에 따른 재정 부담이 가중되기 때문이
다.42)

(2) 연방경찰 '계약치안'의 장점

연방경찰과 계약을 체결하여 치안을 유지하는 경우 그 장점으로는 관할범
위가 여러 지역에 해당하는 경우(시, 주, 준주, 국가, 국가 간) 국가경찰이기에 접
근이 용이하고, 많은 지방에 직접적인 연결망을 가지고 있어 진화하는 범죄의
속성에 대응하여 정보의 흐름을 신속히 할 수 있으며, 치안 수요 변화에 따른
경찰관 인력 재배치가 용이하다. 그리고 연방 차원에서는 오지에도 국가경찰의
존재를 보여 캐나다의 주권을 확보한다.

또한, 연방체계를 갖추고 있어 대형 수사, 긴급 상황, 국가적 행사가 도시,
주 단위의 독자 치안 능력을 넘을 때 타지역 연방경찰을 배치할 수 있다. 이러
한 예로 2010 올림픽이나 G8/G20 같은 국가적 행사에서 최고 수준의 안전

---

42) 자치 정부가 치안비용의 90%-100%를 분담하는데 '왜 자치경찰을 운영하지 않고 연방경찰
과 계약하는지'에 대해 캐나다 경찰관들은 다음과 같이 설명하였다.
　자치경찰조직의 경찰관들이 연방경찰관들보다 높은 연 10만 캐나다 달러(경찰관 5년차,
시간외 수당 합산 시 연 15만 달러) 상당의 임금을 받고 있다. 이는 연방경찰에는 노조가
없지만 자치경찰에는 노조가 있어 자치 도시들이 임금 상승 압박을 받고 있다. 또한, 자치
경찰에서는 인력 충원에 대한 노조의 압력도 높다. 실례로 연방경찰은 야간 근무에 경찰관
1명이 순찰차 1대를 운영하지만, 자치경찰은 야간 근무 때 순찰차 1대에 경찰관 2명이 탑승
하여 근무함에 따라 자치경찰에서는 계약치안을 유지하는 것보다 많은 숫자의 경찰관이 필
요하다.
　광역 밴쿠버 지역의 Richmond 시가 수년 전 자치경찰을 운영하는 것을 연구하였는데 현재
인력, 현 상태 급여, 건물과 장비 등을 그대로 유지하면 1년에 2억원(한화) 정도만 추가하
면 경찰을 운영할 수 있는 것으로 계산하였으나 모든 자치경찰조직이 경험하고 있는 향후
인건비 상승과 경찰관 채용 확충 등으로 매년 지속적으로 예산을 투입해야 하는 문제점 등
이 노출되어 '지속 가능성'이 어려워 이 계획을 철회하였다.

제공이 가능하였고 또한 대형 산불 같은 국가적 재난 상황에서 타지역 연방경찰을 해당 재난 지역으로 신속히 지원할 수도 있다. 계약치안을 통해 단절 없는 치안정보의 공유와 경찰기관간 높은 수준의 상호 협력 유지할 수 있다.[43)

현재 우리나라에서 국가경찰과 자치경찰제도에 대한 논의가 계속 되고 있는 상황에서 향후 바람직한 모델을 모색할 때는 자치경찰조직의 장점뿐 아니라 중앙집권식 경찰조직의 장점, 자치경찰조직의 단점 등도 함께 염두에 두고 주민에 대한 치안 책임성, 납세자 예산의 지속 가능성, 국가 치안유지의 효율성 등도 함께 검토하여야 할 것이다.

5절 연방경찰과 자치경찰 간 협력체제

캐나다의 경찰조직은 우리와 같은 하나의 조직이 아니고 연방경찰, 주 경찰, 도시경찰 등 많은 경찰조직이 한 국가 내에서 운영되고 있어 상호 협력 필요성을 깊이 느끼고 있다.[44) 특히, 조직범죄·마약·총기·살인사건 등은 하나의 경찰행정구역을 벗어나 서로 연관된 경우가 많아, 단독 경찰조직에서 수사를 하는 데에 정보 부족의 한계가 있고, 단일 경찰조직에서 모든 사건을 담당하기에는 막대한 예산이 소요되어 비효율적이라는 공감대가 형성되어 있다. 이에 따라 캐나다 연방경찰과 도시경찰들 간에는 여러 가지 방법으로 서로 간에 협력 체계를 구축하고 있다.

---

43) 저자가 만난 자치경찰조직의 책임자들은 가장 애로를 겪고 있는 사항 중 하나로 치안정보 교류 미흡을 거론하였다. 형식적으로는 자치경찰 간에 그리고 연방경찰과 치안정보를 교류하도록 협의체도 구성되어 있고, 양해각서도 있지만 서로 다른 조직이기에 한 조직 내에서 정보가 유통되는 것에 비해 많은 정보 부족을 느끼고 있다 한다.

44) VPD의 Palmer 경찰청장은 저자와 면담 시 "범죄는 전국적으로 그리고 국제적으로 연계되어 있고, 여러 지역에 걸쳐 범죄가 발생함에도 경찰은 많은 경우에 도시별로 관할권을 가지고 있어 인근 경찰기관과 치안정보의 원활한 교류에 애로를 겪고 있다"고 말하였다.

1. 연방경찰과 자치경찰 간 '통합 수사팀' 운영

캐나다 경찰조직들은 하나의 경찰조직이 대응하기 곤란한 마약 밀매, 조직범죄, 살인사건, 실종 사건 등에 대해 다양한 'Integrated(통합) 수사팀'이나 'Combined(합동) 팀'이라는 새로운 조직을 설립하여 공동대응하고 있다.

(1) IHIT(통합 살인사건수사국)

BC주에서는 1년에 약 30건의 살인사건이 발생한다. 살인사건의 대부분은 총격으로 발생하며 그 중 상당수 살인은 마약 범죄조직과 관련되어 있다. 그 외 살인사건은 방화 또는 원한에 의한 살인 등이 있다.

BC주의 경우, 살인사건수사에 대해서는 RCMP(연방경찰)과 도시경찰조직인 포트 무디, 아보츠포드, 웨스트 밴쿠버, 뉴웨스트민스터 경찰청들에서 합동으로 IHIT(Integrated Homecide Investigation Team) 구성하여 대응하고 있다.[45]

IHIT에서는 살인사건, 고위험 실종자, 그리고 의심스러운 변사사건을 수사한다. BC주 경찰조직에서 CFSEU(합동특별단속국)와 더불어 가장 규모가 큰 조직중 하나로서 RCMP와 각 자치경찰에서 파견한 수사경찰관 81명, 전자수사·범죄정보 분석·일반 지원을 위해 일반직원 25명 등 총 106명으로 구성되어 있다. Port Moody 도시경찰, Abbotsford 도시경찰, New Westminster 도시경찰에서는 수사관 1-4명과 매년 일정 분담금을 지원하고 있다. 통합수사조직에 근무하는 경찰관들의 급여는 각각 자신들의 원소속 경찰조직에서 부담한다.

6개의 수사팀과 5개의 지원팀으로 구성되어 있으며 수사팀, 미제사건수사 수사팀, 피해자보호팀, 대형사건팀, 법률지원팀 등이다.

IHIT의 국장, 과장, 계장들의 주요 업무는 살인사건수사 지휘 외에도 갱이나 범죄조직 수사팀(CFSEU)과의 긴밀한 협조체계 구축, 그리고 신문·방송·SNS 등 미디어를 통한 정확한 정보 전달 및 시민의 협조체계 구축 등이다.

---

45) 광역 밴쿠버에서 RCMP를 제외하고 가장 조직이 큰 밴쿠버 경찰청(VPD)에서는 IHIT에 참여하지 않고 있는데 이는 스스로 관할 내 살인사건을 처리할 수 있는 역량이 있기에 참여를 원치 않았다 한다.

    살인사건 발생시 지역 언론들은 살인사건의 발생, 수사 상황, 범행 동기, 가족 인터뷰 내용들을 보도하지만 대부분 기사 내용은 경찰에서 보도자료로 배포한 범위에서 사실(fact) 위주로 보도하고 있는데 주로 사건 발생일시, 장소, 사망자 수, 사망자의 성별, IHIT에서 수사중이라는 내용, 정보를 가진 사람은 IHIT에 제보해 달라는 내용 등이다.[46]

    언론과 학계에서는 피해자의 이름과 범죄와 관련된 주변 정보를 더 많이 공개해 줄 것을 요구하고 있으나 캐나다 경찰은 Privacy Act(개인정보보호법)과 연방경찰본부의 지침에 따라 사건관계자의 동의가 없는 경우 피해자 이름은 수사상 필요가 있는 경우가 아니면 공개하지 않는다.

    IHIT에서 수사중인 범행을 공개하는 경우는 두 가지 경우인데 첫째, 공중의 위험이 예견되어 위험성을 경고하는 경우로서 예를 들어, 범인이 미검상태로서 경찰이 수사중이지만 범인이 일반인에게 위험을 가할 수 있는 경우 범인의 얼굴과 이름 등을 언론에 공개하면서 '이 범인을 발견하는 경우, 직접 대응하지 말고 경찰에 신고'하도록 하고 둘째, 범죄수사에 공중의 협력이 필요한 경우로서 범인 검거에 시민의 제보나 단서 제공이 필요한 경우이다.

    캐나다 연방경찰과 지방경찰조직들이 이러한 통합된 형태의 IHIT(통합살인사건수사국)를 조직화한 이유는 자치경찰들의 예산 절감 노력과 효율적인 살인사건 수사 필요성에 기인한 것이다. 규모가 작은 자치도시들의 경우 1년에 살인사건이 1-2건 정도 발생하는데 자치경찰조직이 자체적으로 살인사건 수사 인력을 유지하려면 비용이 많이 소요될 뿐 아니라 전문적인 수사기법을 가지 수사관 확보도 어렵기 때문이다. 따라서 자체적으로 살인사건 수사조직을 운영하는 것보다 여러 연방경찰과 자치경찰들이 합동으로 새로운 수사조직을 구성하여 중요 사건을 수사하는 것이 더욱 효율적이라고 판단한 것이다. 그러

---

46) 2016년 7월 Surrey 지역에서 발생한 총격 살인사건 보도도 다음과 같이 팩트 위주로 경찰에서 배포한 자료대로 기사화하였다.
  「○○에서 발생한 총격살인사건으로 1명이 죽고, 1명이 부상을 당했다. 경찰이 목요일 밤 10:05분 총격현장에 도착했을 때 2명의 피해자가 있었다. 두 피해자는 병원으로 옮겨졌으나 한 명은 부상으로 인해 사망하였다. BC주 IHIT에서 이 사건을 담당하고 있다. IHIT 홍보실 담당자는 "경찰은 이 사건은 고의 총격 살인으로 본다. 범행 동기와 범인은 수사중이다"며 관련 정보를 가지고 있는 사람은 IHIT의 핫라인 1-877-551-4448로 전화해 달라」

나 밴쿠버 경찰청처럼 규모가 큰 경찰조직은 IHIT에 합류하지 않고 있는데 이는 중요 살인사건 수사시 자신들이 직접 수사 권한을 계속 가지기 위해서라 고 한다.

〈BC주 통합살인수사국인 IHIT의 과장들〉

(2) CFSEU(합동특별단속국)

BC주 13개 경찰조직들은 마약과 조직범죄에 공동으로 대응하기 위하여 CFSEU(Combined Forces Special Enforcement Unit)을 구성하여 활동하고 있다. 이들은 통합 팀을 구성하여 공동 단속, 경찰관 배치, 정보공유, 공동 분석과 연구, 장기전략 수립 등을 수행하고 있다

CFSEU에는 경찰관 200여 명과 일반직 200명 등 총 400여 명으로 BC주 내 가장 규모가 큰 통합경찰조직이다. CFSEU에는 9개 수사팀과 6개 특별지원팀(기계, 교육, 재판서류, 분석, 홍보팀 등)으로 구성되어 있다.

CFSEU에서는 과거 조직범죄 단속과 수사를 사복경찰관들이 수행하였으나 2000년대 초에는 제복단속팀(Uniform gang Enforcement Team, 40명)을 창설하였다. 이들은 도로상에서 범죄조직원 불심검문, 유흥업소 출입 점검, 통행금지자 주거 점검 등 경찰의 신분을 나타내야 하는 경우에 제복단속팀의 활용도와 실적이 아주 좋은 것으로 평가되고 있다.[47] 제복단속팀은 범죄조직원을 단속 검거하는 외에도 범죄조직의 활동을 사전에 와해시키는 것을 중시하고 있으며 유흥가나 도로상에서 범죄조직들의 활동을 사전에 점검하여 범죄 위반활동을 못하도록 하는 것에 우선 순위를 두고 있다.

또한 CFSEU에서는 최근 'End Gang Life(범죄조직원 생활 청산) 운동'을 전개하면서 '범죄조직원들의 실제 생활은 환상이 아닌 매우 불행하고 위험한 생활임'을 청소년들에게 라디오, TV, 포스터 등을 통해 알려고 있다.[48] 그리고 조직범죄자들의 차량에 추적 장치를 부착하여 실시간으로 갱들의 활동사항을 점검하고 이들이 모이는 곳에 경찰관을 보내 위험요소를 사전에 제거하기도 한다.

또한, 조직범죄의 단속 못지 않게 조직범죄 환경을 분석하는데 많은 인력을 투입하고 있다. 이러한 분석을 통해 누가, 왜, 무엇을, 어디에서, 어떻게 갱 범죄가 일어나는지 알 수 있으며 이를 통해 적절한 대응 방안을 모색할 수 있기 때문이다.

---

47) 2012년 제복단속팀의 실적은 불심검문 3,916건, 차량검문 1,630건, 술집에서 퇴거 505건, 체포 258건, 금전적 제재 부과 149건, 통행금지 점검 45건 등이었다.

48) 경찰에서는 라디오 방송을 통해 "BC주 CFSEU의 Houghton 경감입니다. 매년 아이들이 부모를 갱 폭력으로 잃고 있고, 부모들이 아이들을 잃고 있습니다. 이제 멈출 때입니다. endganhlife.bc.ca를 방문하여 확인하십시오." "갱 폭력사건으로 죽는 사람은 평균 30세가 안됩니다. 당신의 아들이나 딸이 다음 순서가 되지 않게 하십시오. endganhlife.bc.ca를 방문하여 확인하십시오."라고 광고하고 있다.

(3) 기타 합동수사조직

연방경찰과 자치경찰조직들은 살인사건과 조직 및 마약범죄 수사뿐 아니라 공동 대응이 보다 효율적인 경우, 통합수사팀을 구성하고 있다. 현재 BC주에서 통합수사팀으로 운영되는 것에는 아동대상 성범죄와 약취 유인 등을 수사하는 ICET(Integrated Child Exploitation Team)과 자동차절도범죄를 수사하는 IMPACT(Integrated Municipal Provincial Auto Crime Team) 등이 있다.

2. 경찰기관장 간 정례 회동

BC주 연방경찰(RCMP)서장과 자치경찰조직의 장들은 정례 회동을 1년에 3회, 1회에 2일씩 실시하고 있다. 이 경찰기관장 간 회동의 주요 목적은 각 경찰조직 간 원활한 협력기반 마련을 위한 친교 형성과 현안 이슈 논의 등으로 경찰 교육, 주요 정책 방향, 주요 현안 등을 논의한다.[49] 이 회의에 참석하는 모 경찰서장은 이 정례 회동의 가장 중요한 목적은 경찰조직장들 간의 친교 형성이라고 설명하였다.

하나의 경찰조직이 아닌 국가경찰과 도시 자치경찰조직이 혼재하는 환경에서는 경찰기관장 간의 사전 긴밀한 협조 관계 형성은 위기 상황 때 또는 긴급한 대규모 현안 발생 시 큰 도움이 되므로 이러한 정례적 회동은 조직화하는 것이 필요하다고 여겨진다.

---

49) 이 회동은 각 경찰기관의 장들이 순회하면서 개최하는데 2017년 9월중 'BC주 경찰기관장 회동'은 Richmond 경찰서의 NG 서장이 주관하였다.

제3장

캐나다의 범죄수사 구조

제3장

캐나다의 범죄수사 구조

캐나다에서 수사와 기소는 철저히 분리되어 있다. 수사는 경찰이 하고, 기소는 검사가 한다. 이는 '견제와 균형 원리'에 충실한 원리가 적용된 것이다. 'peace officer'라고 정의된 경찰·수사관(세관수사관·이민수사관·해양수사관 등) 이 범인 체포, 판사에게 영장 청구, 압수수색, 증거 수집 등 범죄를 수사한다. 검사는 체포·영장청구·압수 수색·잠복·피의자 신문 같은 수사는 일체 하지 않고 기소와 기소유지 업무를 담당한다. 단, 감청 수사에 대해서만 경찰이 영장 신청 서류를 작성해 오면 검사가 서류를 검토하고 이에 서명하여 판사에게 신청할 수 있지만, 이 경우도 대부분 경찰지휘관들이 직접 서명하여 판사에게 신청한다.

검사의 임무는 경찰이 수사 후 '검사에게 제출하는 보고서(Report to Crown Counsel)'를 작성하여 제출하면 그 서류를 검토하고 기소 여부, 종류, 대상을 평가하고 기소하며 항소를 제기하는 것 등이다. 검사는 범죄를 수사하지 않으며 개별 수사와 관련하여 경찰에 대한 지휘권도 없고 보충적 수사도 하지 않는다.[1]

---

[1] https://www2.gov.bc.ca/gov/content/justice/criminal−justice/bc−prosecution−service/about/ crown−counsel BC주 정부의 검찰청 홈페이지이다.

경찰은 판사에게 직접 영장을 청구하고 발부받아 이를 집행하며,[2] 영장발급 사실을 검사에게 통지도 하지 않으며, 검사가 경찰이 수사중인 사건을 수사중단하고 송치하라는 법률 자체가 없으며 그러한 사례도 없다. 매우 드물게 검사는 기소를 준비하는 과정에서 경찰에 연락하여 '법률 판단 결과 증거로 사용이 어렵다'는 의견이나 추가 증거자료 수집을 조언한다.

우리와 같은 '검사의 기소독점'도 없는데 BC주에서 검사는 형사법(Criminal Code)·청소년범죄법·일부 주 법률에 위반하는 행위가 있을 때만 기소 업무를 담당하고, 기타 도로교통법이나 시 제정 법률 등에 대해서는 경찰 등 수사기관이 직접 법원에 기소를 수행한다.

또한, 기소의 독립성 침해를 방지하기 위해 '기소과정에 부적절한 영향이 있을 중대한 가능성이 있을 경우'에 특별검사를 임명[3]하여 그 사건을 처리한다. 이때 기소부[4]의 책임자인 ADAG (Assistant Deputy Attorney General, 법무차관보)는 그 사건 처리를 위해 기소부 외부에서 존경받는 법률가 중에서 특별검사를 임명한다.

헌법으로 보장된 피의자의 권리인 이유 없이 구금되지 않을 권리, 부당한 지연 없이 범죄사실을 고지받을 권리, 무죄추정의 원칙, 통역 지원 및 개인정보보호 등은 경찰수사과정에서 철저히 보장받고 있다.

2절 경찰의 영장 청구

캐나다에서 영장 청구권자는 '형사법(Criminal Code)' 507조에 따라 peace

---

2) Criminal Code 507조 등 여러 조항에서 영장 신청은 경찰관이 하다고 규정하고 있다. Criminal Code는 우리의 형법과 형사소송법을 종합한 법률 내용을 담고 있다.

3) https://www2.gov.bc.ca/gov/content/justice/criminal−justice/bc−prosecution−service/about/crown−counsel

4) 우리의 검찰청 격에 해당한다.

officer, public officer, Attorney General(법무부장관), Attorney General's agent(법무부장관 대행자)이며 실질적으로 대부분의 범죄를 수사하는 경찰이 영장청구의 주체이다.

Criminal Code에서 말하는 peace officer란 동법 2조에서 경찰관, 관세법에 의한 공무원, 이민법에 의해 권한이 부여된 공무원, 어업법에 의해 지정된 공무원, 항행법에 의해 지정된 조종사, 국방법에 의해 임명된 공무원이라고 정의하고 있다.

우리나라의 경우 헌법 12조에 명문 규정을 두어 영장은 검사가 법관에게 청구하도록 하였다. 그리고 경찰은 검사에게 신청하여, 검사의 청구에 따라 판사가 발부한다. 그러나 캐나다 경찰은 수사경찰관이 직접 판사에게 영장을 청구한다.[5] 캐나다에서 검사는 우리나라의 검사와 달리 형사법(Criminal Code)상 peace officer에 해당하지 않으며, 따라서 체포영장이나 압수수색영장을 청구할 권한이 없다.

캐나다에서 형법과 형사소송법 격인 Criminal Code에서는 여러 조항에서 경찰의 영장 청구 권한을 명시하고 있다. 총기와 무기에 관한 범죄를 예를 들면, Criminal Code 117.04조에서는 '사람이 자신의 안전 또는 다른 사람의 안전을 위해 소지할 이유 없이 무기, 금지된 장치, 실탄, 금지된 실탄, 또는 폭발물을 건물이나 특정 장소에 보관하고 있다고 믿을 만한 상당한 이유가 있는 경우, peace officer의 신청에 따라, 법관은 그 경찰관에게 건물 장소를 수색하고 해당 물건을 압수할 영장을 발부한다'고 밝히고 있다. Criminal code에서는 peace officer인 경찰관이 법관에게 영장을 직접 청구하고 이를 집행한다는 것을 명확히 하고 있다.

연방 형사법 외에도 Missing Persons Act(실종자수사법) 같은 개별 특별법에서도 영장 청구권이 경찰관에게 있음을 밝히고 있는데, 동 법 제 2조에서는 경찰관(a member of police force)은 실종자 수사를 할 때 법관에게 기록에 대한

---

5) 동 법률 근거에 따라 실무 순찰경찰관 또는 수사경찰관인 Constable이 '자신의 명의'로 판사에게 영장을 청구하며, 직속 상사인 VPD의 Sergeant(경위급) 또는 RCMP의 Corporal(경위급)이 영장 서류를 검토한다.

접근영장을 청구할 수 있으며 주거, 건조물, 토지 등에 수색 영장을 청구[6]한다. 이러한 법적 근거에 따라 해당 실종 사건을 수사하는 담당 경찰관은 법관에게 직접 영장을 청구한다. 911신고를 받고 출동하여 범인을 검거한 순찰경찰관 (GD), 성범죄 수사관, 실종업무 담당 수사관들이 자신의 명의로 직접 판사에게 영장을 청구한다. 실무적으로는 수사 업무 담당자인 Constable이 주로 영장을 판사에게 신청한다. 경찰 조직 내부의 통제 장치로 실무 경찰관이 작성한 영장 청구 서류를 경위급인 감독자(Supervisor)가 검토한다. 경찰서 내 수사서류를 검토하는 전담부서는 Surrey RCMP의 ORU(현장업무 검토계)나 VPD의 '법원과 구금장관리계'처럼 별도의 기능이 있다.

　　단, 매우 예외적으로 검사가 영장을 청구할 수 있는 경우로 Criminal Code 185(1)에 해당하는 개인 간의 통신을 감청하는 경우로서 경찰이 서류를 작성하면 검사가 이에 서명해서 영장을 신청한다. 그러나 통신 감청 수사의 경우에도 경찰에서는 고위 간부들이 Attorney General's agent 자격으로서 미리 지정되어 있어 수사경찰관이 가져온 서류에 서명하여 영장을 신청하는 것이 대부분이다.

3절　경찰의 영장 집행

　　우리나라의 경우 형사소송법에 따라 판사가 발부한 영장의 집행은 검사의 지휘에 따라 경찰이 집행하지만, 캐나다에서는 경찰관이 영장 집행의 주체이며 우리와 같은 검사의 지휘는 없다. Criminal Code 513조에서 영장은 이를 발부한 판사의 관할지역 경찰관인 peace office에게 전달해야 한다고 규정하고 있다. 이에 따라 판사로부터 영장을 직접 발부받은 경찰이 압수, 수색, 체포, 구속

---

6) Missing Persons Act 11조.

등 영장을 집행한다.

또한 Criminal Code 487.012조는 법관은 기록물 제출 영장을 발부하면서 '영장을 받은 사람은 기록물이나 데이터를 정해진 시간 내에, 지정된 양식에 기록된 장소에서, 영장에 명시된 경찰관(peace officer)에게 제출할 것 또는 연방 법이나 주 법을 단속하도록 지명된 public officer에게 제출해야 할 것'을 명시함으로써 영장 집행 책임자가 경찰임을 보여 주고 있다.

형사법(Criminal Code) 83.29조에서도 판사는 영장의 집행을 회피하는 자, 몰래 도주하거나 숨는 자, 또는 과거 신문에 참석하지 않았거나, 현재 참석하지 않는 자에게 체포영장(Arrest Warrant)를 발부할 수 있으며 이 체포영장의 집행 권자는 경찰관인 peace officer임을 명확히 밝히는 등 형사법 체계를 일관하여 영장집행 책임자는 경찰임을 분명히 하고 있다.

그리고 RCMP Act(연방경찰법) 18조에서도 경찰의 임무로서 영장의 집행과 이에 따른 모든 의무와 임무를 수행하는 것이라고 규정하고 있다. 이렇듯 캐나 다의 수사 절차를 규정하는 많은 법령 peace officer인 경찰관이 영장 집행의 주체를 명시하고 있다.

4절 캐나다에서 검사의 임무와 역할

캐나다 BC주 검사는 다른 주들의 검사들과 마찬가지로 주 법무부장관 아 래에서 기소업무를 담당하는 기소관(Prosecutor)이다. 검사의 책임과 역할은 BC 주 'Crown Counsel Act(검사법)'에 자세히 규정되어 있다. 검사들은 BC주 기소 부(Prosecution Service)의 정책에 따라 업무를 수행하는데 동 검사법에 따라 ADAG(Assistant Deputy Attorney General, 법무차관보)[7]는 BC주 기소부를 이끌며,

---

7) 우리나라 검찰청의 검찰총장 격이다.

매일 매일의 기소업무의 행정을 책임진다. ADAG는 모든 기소를 감독할 권한이 있다. 법무부장관이 기소와 관련한 행정에 감독 권한이 있지만, 일반적으로 법무부장관은 개별 사건에 대한 기소 결정에 관여하지 않는다.[8] BC주 검사법은 법무부장관, 법무부차관, ADAG[9] 간의 기능과 책임을 구분하여 규정하고 있다.

다음은 캐나다 'BC주 검찰청 홈페이지'에서 검사의 임무에 대해 설명하고 있는 내용이다.

캐나다에서 검사는 수사권이 없으며 검사법에 규정된 검사의 역할은[10]

- 연방 형법(Criminal Code), 주 법률, 청소년보호법에 위반하는 모든 범죄에 대해 기소 여부, 종류, 대상을 평가하고 기소와 항소를 수행한다. 마약범죄 또는 세금 범죄 같은 연방법에 위반된 일부 범죄에 대한 기소 책임은 BC주 검사가 아닌 연방 기소청에 책임이 있다.
- 증거를 법정에서 제시하고, 범죄 혐의 내용을 판사에게 설명한다.
- 검사는 범죄를 수사하지 않으며 개별 수사와 관련하여 경찰에 대한 지휘권도 없다. 범죄 혐의가 신고되거나 인지될 때 경찰이 수사를 하며 경찰이 '검사에게 보내는 보고서(Report to Crown Counsel)'를 보낼지 여부를 결정한다.
- 검사는 범죄를 기소할지 여부를 결정한다.

캐나다의 검사는 일체 수사를 하지 않으며 수사와 관련하여 경찰을 지휘하는 권한도 일체 없다. 사건수사 종결에 대한 권한과 책임도 경찰에 있다. 반면 우리나라 검사는 선진 형사사법제도를 운영중인 캐나다의 검사들과는 달리 스스로 수사를 개시하고, 판사에게 영장을 독점적으로 청구하고, 영장 집행

---

8) BC주 Crown Counsel Act 7조.
9) 우리의 검찰총장 격이다.
10) https://www2.gov.bc.ca/assets/gov/law – crime – and – justice/criminal – justice/prosecution – service /information – sheets/infosheet_role – bcprosecutionservice.pdf
BC주 정부 법무부 홈페이지에 검사와 수사에 대한 권한을 자세히 설명하고 있다. 이 홈페이지에서 '검사는 범죄 수사권이 없으며, 경찰에 대한 감독 권한도 없음'을 명백히 설명하고 있다.

시 경찰을 지휘하고, 개별 사건을 수사하는 경찰을 지휘하고, 사건수사에 대한 종결 권한을 가지고, 공소를 제기하는 등의 막강한 형사소송법상 지위를 행사하고 있다.

권력 분립을 통한 국가권력의 통제와 시민의 자유 보장이라는 기본 이념이 통째로 흔들린 것으로 검찰이 직접 수사를 하고 다른 국가의 행정조직인 경찰을 지휘하고 있는 것은 큰 문제이다. 대한민국의 발전을 위해서는 하루속히 검찰의 수사권한 폐지가 이루어져야 할 것이다.

5절 경찰에서 피의자 신문 시마다 변호인의 참여권 부정 판례

1. 캐나다 대법원, 미국의 Miranda 규정 부정

우리나라 법조계에서 널리 당연시되는 '미국의 미란다 원칙'이 미국과 거리상으로 가장 가깝고 문화적으로 가장 가까운 캐나다에서는 당연시되지 않는다는 캐나다 대법원 판례를 소개하고자 한다. 이 캐나다 판례를 검토하면서 각 나라마다 사회 안전을 확보하기 위한 다른 관점과 사회 문제 해결을 위한 다른 시각이 있다는 것을 알 수 있다.

미국 애리조나 주에서는 경찰에서 피의자신문 시 변호인의 참여권과 관련하여 1966년 Miranda 판결을 통해 경찰의 피의자신문 시 변호인이 매회 참여할 수 있다는 것을 인정하였으나, 캐나다 대법원은 2010년 Sinclair 사건에서 미국의 Miranda 원칙이 캐나다 영토에서는 적용되지 않음을 판결하였다. 절차적 보호권인 Miranda 판례를 도입하는 것을 검토할 때는 각 나라의 당시 법률 상황에서 피의자 권리 보장의 범위, 자기 나라에서 법집행기관의 효율성, 자신들의 법률과 판례에 의해 성립된 균형에 대한 위험성 등을 종합적으로 검토해야 함을 Sinclair 판례에서 캐나다 대법원은 적시하였다. 캐나다 법률가들은 이 판례를 'Sinclair 판례'라고 부른다.

2. 캐나다 대법 판례 주요 내용 - Sinclair 판례[11]

동 판례는 캐나다 Supreme Court의 R. v. Sinclair, 2010 SCC 35 사건으로 서 주요 판결 내용은 아래와 같다.

> Sinclair는 '캐나다 헌법 10(b)조가 구금자는 피의자신문 과정에서 요구에 의하여 변호사가 참석할 수 있는 자격을 보장하고 있다'고 주장하고 있다.[12]
>
> 하급심의 판결들은 10(b)에 대한 Sinclair의 이러한 해석에 반대하고 있다. 대법원은 이러한 문제에 대한 직접적인 판결을 하지 않았지만, 하급심들에서는 모두 그러한 권리가 캐나다에서는 없다고 밝혔다. 하급심은 Sinclair의 그러한 제안은 분명한 권한을 반대로 바꿀 수 있다는 점을 논거로 이를 부정하였다. 하급심들의 계속되는 관점은 "우리는 경찰이 구금된 피의자에게 각각의 질문을 할 때마다 변호사 참여 없이 이야기할 수 없도록하려고 하는 캐나다 법을 바꾸지 않는 게 좋으며 그리고 바꿀 수 없다"는 것이다.
>
> 헌법 10조의 표현은 이러한 요구를 고려하는 것으로 보이지 않는다. 싱클레어는 'instruct'의 의미를 확장하고 있다. 그는 이 표현이 "언제나 어디서나 수감자가 요청할 때 만날 수 있다는 넓고 무제한적인 해석"을 하고 있다. 'Retain and instruct'의 합리적인 의미가 피의자신문 전에 형식적인 상담보다는 더 넓은 것이지만, 그것이 신문과정에 변호사의 참여를 필수적으로 함축하는 것은 아니다.

---

11) 캐나다 Supreme Court의 R. v. Sinclair, 2010 SCC 35 사건 판례 내용을 요약한 것이다.
12) 캐나다의 헌법인 'Canadian Charter of Right and Freedoms'에는 체포 또는 구금 시 모든 사람은
　　(a) 즉시 체포 이유를 설명 받을 권리를 가지며
　　(b) 지체 없이 변호인의 조력을 받을(retain) 권리, 변호인에게 법률적 조력을 시킬(instruct) 권리, 그리고 그러한 권리가 있음을 설명받을 권리를 가지며
　　(c) 구금이 합법적인지를 확인하기 위해 판사에게 나아갈 권리와, 그리고 구금이 합법적이지 않을 경우에 석방될 권리를 가지고 있음을 명시하고 있다.

헌법 10(b)조항은 구금자에게 그의 권리를 알리고, 법률적 조언을 가질 기회를 제공하는 것이다. 이러한 목적은 아래에서 논의될 새로운 변화가 있는 경우 다시 변호인의 조력을 받을 권리로 성취될 수 있다. 그것은 경찰의 신문과정 전체에서 변호인이 참여할 것을 요구하는 것은 아니다.

싱클레어는 미국의 대표적 판결인 Miranda v. Arizona, 384 U.S. 436(1966), 그리고 Escobedo v. Illinois, 378 U.S. 478(1964)처럼 다른 나라에서는 변호인이 경찰 신문(police interview)과정에 참여할 권리가 있다고 주장하면서 캐나다도 똑같이 해야 한다고 주장한다. 그는 학문적인 논거도 들고 있다.

우리는 Miranda 규칙이 캐나다에서도 실현되어야 한다는 것을 납득하지 않는다. 헌법 10(b)조는 그 표현, 묵비권, 공공의 이익을 위한 캐나다의 실정에서 법집행기관의 효율성을 참고해서 정의되어야 한다. 다른 나라의 절차적 보호권을 단편적으로 적용하는 것은 캐나다 법정과 법률에 의해 성립된 균형을 위험하게 한다.

캐나다와 미국에는 의미 있는 차이점들이 있다. Mirada는 그 당시 미국에서 만연한 경찰권 남용에 대한 대응에서 나왔으며 캐나다 내 구금자보다 덜 우호적인 다른 많은 법규들의 상황에서 적용되었다. 예를 들어, Miranda는 단지 '구금 중'인 사람들에게 적용된다. 구금이란 '정상적인 체포 또는 이동의 자유 제한'을 의미한다. 캐나다 헌법의 정신적 구금은 훨씬 확장적이다. 더욱이, Miranda 규정의 위반은 구금자의 진술을 탄핵하는 목적으로 법정에서 구금자의 증거 사용을 제한하지 않고, 부수적 증거의 제출을 금지하지 않는다. 이와 반대로, 캐나다의 판례는 헌법 10(b)의 위반으로 얻어진 증거의 채택에 훨씬 더 피고인에게 우호적이다.

게다가, Miranda의 사례 분석은 그것의 효과, 본질적 특성 그리고 정도에 대해 명백한 결론이 아직까지 없다. 상당수의 연구는 그것이 법집행기관에 해를 끼치는 효과가 있음을 계속 제시하고 있다. 많은 다른 연구들은 그러한 사례 연구에 대해 활발하게 논쟁하고 있다. 예를 들어 P.G. Cassell의 'Miranda's Social Costs: An Empirical Reassessment(1995-96)' -미란다의 사회적 비용: 실증적 재평가-, P.G. Cassell과 R. Fowles의 "Handcuffing the Cops? A Thirty-Year Perspective on Miranda's harmful Effects on Law Enforcement"(1997-98) -경찰에 수갑채우기?

법집행기관에 해악을 끼친 미란다의 30년- 등이 있음. 이러한 논쟁의 장점이 무엇이든지 간에 이러한 논쟁의 존재는 우리 헌법 전통에서 미란다의 실시하는 것을 사례적 결론에 의존하는 것은 주의해야 함을 알려준다.

우리는 헌법 10(b)조가 변호사에게 경찰 신문에 참여하는 헌법상 권리를 주는 것으로 해석하여서는 안 된다. 물론, 모든 관계자가 동의하는 경우에는 변호사의 경찰신문 참여를 막을 수 없다. 경찰은 그러한 조치를 할 수 있으며, 구금자는 진술의 전제조건으로 변호사의 참여를 희망할 수 있다.

관계당국은 통상, 헌법 10(b)를 구금자에게 단 한 번의 변호사 상담기회(a single consultation with a lawyer)를 제공한다. 그러나 어떠한 상황에서는 변호사를 한 번 더 상담할 헌법상 요구가 있다. 이러한 상황은 일반적으로 첫 번째 상담 후 구금자에게 '물적 변화(material change)'가 있는 경우를 포함한다.

3. 캐나다 경찰의 수사 실무

이러한 헌법상의 체포 구금자의 권리와 관련하여 이 Sinclair 판결이 나오기 전 '경찰의 매회 피의자신문 시 변호인의 참여권'이 보장되는지의 문제가 피의자를 인터뷰하는 캐나다 경찰관들 사이에서 관심이 많았다.

캐나다 경찰관들은 헌법과 법률을 위반하여 수집된 증거는 법정에서 증거능력이 기각되어 해당 사건수사에 많은 수사 인력, 시간, 예산을 사용하였음에도 범죄 혐의자의 유죄 성립 여부를 확인할 기회가 사라짐을 잘 알기에 수사 현장에서 경찰관들은 피의자에게 헌법상 변호인의 조력을 받을 권리와 범죄사실 등을 고지하며, 피의자가 변호인 접촉을 요구할 경우에는 인적사항 확인을 위한 질문 이외에는 범죄사실에 관한 질문을 중단한다.

많은 캐나다 변호사들은 처음 피의자 접견이나 최초 통화 시 '경찰에게 아무 말도 하지 마라'고 안내하고 있어, 경찰은 피의자가 묵비권을 행사하기 전에 보다 많은 진술을 얻으려 하고 있는 것도 범죄를 규명하고자 하는 것이 수사관들의 현실이다.

4. 개인 의견

현재 우리 형사법 학계, 법조계, 수사경찰 사이에서는 미국에서 시작된 미란다 원칙을 당연시한다. 그러나 우리가 '경찰의 피의자신문 시 마다 변호인의 참여를 인정'하는 것과 같은 새로운 형사소송절차나 Miranda 판례 같은 외국의 법 이론을 도입하는 경우에 더욱 신중할 필요가 있다.

캐나다는 미국과 같은 언어를 사용하고, 같은 문화를 공유하고, 양국 간에 많은 경제적·학문적 교류를 하고 있음에도[13] 캐나다 대법원에서는 미국 Arizona주의 판례인 Miranda 판례를 당연시하지 않았다.

우리도 새로운 법률 제도나 판례를 받아들일 때에는 캐나다 대법원에서 검토한 것처럼 법률적 이슈에는 다양한 관점이 있을 수 있음과 학문적 논쟁이 있을 수 있음을 포용하고, 우리 사회의 평화와 안전을 확보할 수 있는 법률이 무엇인지, 그리고 판례는 법적 균형을 어디에서 찾아야 하는지를 깊이 생각해야 할 것으로 보인다.

---

13) 캐나다와 미국의 국경인 Peace Arch 기념문에는 양국의 관계를 '공동의 어머니의 아이들'이라고 표시하고 있을 정도로 두 나라는 문화를 공유한다.

제4장

캐나다 경찰의 주요 치안정책

제4장

캐나다 경찰의 주요 치안정책

이 장에서는 경찰관 채용, 승진, 실종자 수사, 경찰관의 총기 피격 예방, 순직경찰관 예우, 재난 대비 등 캐나다 경찰이 현재 시행하고 있는 주요 치안정책뿐 아니라 경찰관들의 회식 문화와 여가 생활까지도 두루 정리하였다.

우리와 다른 시스템, 사회 문제에 대한 다른 접근 방식, 사고 방식, 생활 양식 등이 우리에게 새로운 아이디어를 줄 수 있기에 이 장에 이러한 이슈들에 대해 기록하였다.

1절 VPD의 경찰관 채용

우리 경찰은 경찰관 신규채용 시 지식 측정을 위한 필기 시험, 체력 측정, 적성검사, 면접을 실시하는 데 반해 밴쿠버경찰청(VPD)은 신임 경찰관 채용 시 지식 테스트, 체력 테스트, 주변인들의 평판 확인을 통한 배경 조사, 응시자 인터뷰, 심리 테스트, 의료 검사, 거짓말 탐지기 등 10여 가지 항목을 점검한다.[1] 신임 경찰관 채용과정은 평균적으로 8개월−1년여의 기간이 소요된다.

VPD의 경찰관의 응시 자격 및 채용 절차 세부 내용은 다음과 같다.[2]

1. VPD의 핵심가치

VPD의 신임 경찰관 채용 시에 다섯 가지의 핵심 가치인 ICARE를 가지고 있을 것을 요구한다. ICARE는 Integrity(정직과 성실성), Compassion(이타심), Accountability(책임성), Respect(존중), Excellence(전문성)를 의미한다.

2. 응시 자격

응시 자격조건은 19세 이상의 캐나다 시민권자 또는 영주권자, 범죄 전과가 없어야 하며 성범죄와 관련된 재판 진행중인 것이 없을 것, 경찰관으로서 임무를 수행하는 데 영향을 미칠 부적절한 행실·고용·교육·운전 경력이 없을 것, 5급 운전면허증과 좋은 운전 기록을 가지고 있을 것, 시력 기준 부합, 유효한 응급구조 자격증, 고 3 졸업 및 이와 동등한 자격과 대학이나 전문대학에서 30학점 이수가 필수이다.

선호 자격으로는 어느 분야의 학문이든 학사 학위, 제2외국어 능력, 지역사회 자원봉사활동, 감독자 능력이 있는 그리고/또는 대중과 함께한 직업 경력 등이 있다.

신임 경찰관으로 임명되면 초기 5−7년은 순찰 팀에서 필수적으로 근무한다. 순찰 팀에서 자전거 순찰, Undercover 경찰(비밀잠복경찰관)[3], 사복 순찰, 지역사회 연락관, 특별 단속 프로젝트 등을 담당한다. 순찰 팀에서 의무 복무 기간이 끝나면 전문 부서로 옮길 수 있다. 여러 경찰조직들이 공동으로 구성하

---

1) https://joinvpd.ca/police−officers
2) VPD 홈페이지에 설명된 절차, VPD 인사과 채용담당자, 후보자 인터뷰를 담당하는 수사관, 그리고 VPD 경찰관들을 상대로 확인하였다.
3) Undercover 경찰은 경찰 신분을 숨기고 범죄와 관련된 정보를 수집하거나 범인을 체포한다. 범죄조직에 가입하거나, 교도소에 잠입하거나, 범죄자에 접근하여 연락처 등과 관련한 정보를 수집하기도 한다.

여 활동하는 CFSEU(합동특별단속국)[4] 등에서도 근무할 수 있다.

경찰관들은 중간 간부로 채용되는 경우는 없고, 모두 Constable로 채용되고 있어 검사(Crown Counsel) 경력이 있는 사람도 Constable로 채용되기도 한다.[5]

남녀 경찰관의 채용 기준은 동일하며 체력 테스트 기준도 같다. 나이에 따른 응시 제한도 없다.

3. 채용 절차

(1) 지식 테스트

경찰관은 일상적으로 법률 서류와 각종 보고서를 작성하고 정확한 언어를 사용하여 사건 관계자들에게 설명하여야 하므로 영어 문법, 철자, 작문, 이해도와 고등학교 3학년 수준의 수학 실력을 측정한다. 지식 테스트로는 3시간이 소요된다. 시험은 손으로 작성해야 하고 철자 맞춤법 도구나 전자계산기는 사용할 수 없다.

이 필기 테스트는 암기력 테스트와 짧은 작문도 포함한다. 암기력 테스트와 관련해서는 5분간 사진을 보여 준 후 30여 분 동안 다른 시험을 본 후 사진에서 본 머리 색깔, 눈동자 색깔, 차량 번호 등을 질문하는 형식이다. 철자와 문법 오류는 점수화 된다. 경찰관 채용에 응시한 자는 60점을 통과하여야 한다.

(2) 체력 테스트

밴쿠버 경찰이 사용하는 POPAT(Police Officer Physical Ability Test, 경찰관 체력 능력 테스트)과 Leger Shuttle Run으로 체력을 측정하도록 디자인되어 있다.

체력 테스트 일에 후보자는 POPAT를 먼저 실시한다. POPAT은 경찰관의

---

4) Combined Forces Special Enforcement Unit로서 마약과 조직범죄를 수사한다.
5) 최근 저자가 만난 VPD의 모 여성 경찰관은 검사에서 Constable로 직업을 바꾸었는데 이는 법률 업무만 하는 검사보다 교통, 기획, 현장 업무를 하는 경찰관이 보다 매력적이기 때문이었다 한다.

일상적인 업무처리에 필요한 체력을 측정하기 위한 것이다. 2개의 18인치 막대를 뛰어넘기, 6피트 매트 건너뛰기, 6계단 오르내리기, 용의자를 체포하거나 바닥에 눕히기 위해서 필요한 36kg의 물체를 끌고 밀어서 옮기기 각각 6회, 피해자나 용의자를 옮기는 것을 상정하여 디자인된 무거운 물건을 왕복하여 50피트 옮기기, 바닥에 엎드렸다 3피트 높이의 체조봉 넘기 후 다시 바닥에 누웠다가 체조봉 넘기 총 10회의 바닥 터치 등이다. POPAT은 4분 15초 내에 통과하여야 한다.

POPAT 통과 후에는 Leger Shuttle Run 측정을 한다. POPAT과 Shuttle Run 사이에는 최소 30분간의 휴식이 있다. 셔틀 런 테스트는 20미터 셔틀 런으로 21레벨로 구성되어 있다. VPD 체력 기준의 7.1점이나 그 상위 점수를 획득하여야 한다.

(3) 성실성과 인생 설문 작성

응시자 개인을 묘사하는 것과 응시자의 성장 배경에 관한 설문지를 작성하여 제출한다.

(4) 수사관 인터뷰

VPD 인사과 소속의 수사관(Detective)이[6] 응시자를 면접하고, 응시자가 제출한 서류들과 개인 성장 배경을 검토한다. 이 인터뷰는 응시자의 성실성, 문제해결(problem-solving) 능력, 다양성에 대한 존중, 공동체에 봉사 인식(community service orientation), 자발적 업무 추진(self-initiative) 그리고 책임 수용 등을 평가한다.

수사관 인터뷰는 몇 시간이 소요되기도 한다.

---

6) VPD 인사과 경찰관 채용계에는 약 15명의 수사관(detective)이 근무하고 있다.

(5) 서면 심리 테스트

수사관 인터뷰 후 서면 심리 테스트가 즉시 진행된다. 이 평가는 응시자가 공부하거나 미리 준비하는 테스트가 아니다.

(6) 주변인 평판 확인(Reference Check)

주변인 평판 확인에서는 응시자의 과거 행동이나 성과를 확인하는 과정이다. VPD의 인사과 수사관들은 응시자의 가족, 현재 또는 과거의 직장 상사나 동료[7], 이웃, 스포츠 동아리 친구, 학교 선생님이나 친구, 임대인, 또는 이성친구들로부터 응시자에 대한 평판을 조사를 한다.

응시자는 30여 명의 추천인 명단을 제출해야 하고 VPD 채용 담당 경찰관들은 주변인 1명당 1시간여씩 가급적 직접 대면하여 조사하고 거리상 또한 시간상 제약이 있는 경우에는 전화 인터뷰를 한다.

실무적으로 담당 수사관들은 후보자가 제출한 명단에 포함된 사람들은 후보자에게 우호적일 것으로 판단하고, 후보자에게 비우호적일 것으로 여겨지는 사람들의 연락처 확보를 위한 노력도 기울인다. 수사관들은 명단에 있는 사람들로부터 후보자에게 비우호적일 듯한 과거 이성 친구 같은 사람들의 연락처도 확보하여 인터뷰한다.

공무원 채용에서 일반적으로 점검하는 내용은 다음과 같다. 응시자는 조직의 규범, 가치, 목표에 부합하여야 하고 적절한 시간 내에 정확한 절차로 일관성 있는 성과 수행 능력이 있는지가 점검된다. 세부적인 내용으로는 적절한 시간 내에 문제점들을 알아 내는지, 책임감 있게 일하는지, 업무를 마감 시간 내에 처리할 수 있는지, 지속적으로 업무 성과를 달성하는지, 다른 사람과 약속한 것을 지키는지, 개인정보에 대한 비밀을 존중하고 이를 준수하는지, 그리고 최소한의 감독으로 업무를 처리하는지 등이다.

---

7) 캐나다 청소년들은 중·고등학교 시절 또는 대학생 때 공부 외에도 레스토랑, 커피숍, 페인트 가게, 건축현장, 레저 사업장 등에서 part time job을 많이 하고 스포츠 활동을 많이 하고 있어 직장 동료, 상사들로부터 자신에 대한 평판을 가진다.

요즘 캐나다를 비롯하여 미국, 덴마크 등 서구사회에서는 과거 인재 채용 방식인 지식 위주 선발에서 'Job experience' 또는 'Life experience' 위주 선발로 바꾸었으며, 캐나다 경찰도 신임 경찰관 채용에 이러한 Job experience를 통해 형성된 주변인 평판 조사를 실시한다. 캐나다 정부의 공무원 채용 시에는 통상적으로 Reference Check를 실시하는데 2016년 1월 초 캐나다 정부기관인 Service Canada(우리의 행정안전부 격)에게 저자에게 모 응시자에 대한 평판을 조사한 내용을 아래 소개한다.

안녕하십니까?
우리 '서비스 캐나다'는 현재 신규직원 채용을 실시하고 있습니다. 우리는 응시자 A씨로부터 당신의 이름과 연락처를 제공받았습니다.
이 일은 개인정보를 취득하고 제공하며 수혜자의 자격을 확인하고 설명하는 업무량이 많은 업무 환경입니다. 이에 따라 우리는 귀하에게 'reference check(주변인 조사)' 질문지를 보냅니다. 채용절차에 맞추기 위해 빠른 시일 내에 답변을 바랍니다. 2016. 1. 11까지 답변을 해 주신다면 감사하겠습니다. 협조에 감사드립니다.

질문 1: 응시자는 문제점들을 적절한 시간 내에 알아 내나요? 그리고 개인적 책임을 지나요? 예를 들어 설명해 주세요.
질문 2: 후보자는 조직의 규범을 준수하고 조직의 가치와 목표에 충실합니까? 예를 들어 설명해 주세요.
질문 3: 업무 마감시한을 준수하나요? 예를 들어서 설명해 주세요.
질문 4: 응시자는 다른 사람과 맺은 약속을 준수하나요? 예를 들어 설명해 주세요.
질문 5: 응시자는 보안성 있는 정보를 존중하고 준수하나요? 예를 들어 설명해 주세요.
질문 6: 응시자는 최소한의 감독으로 일을 할 수 있나요? 예를 들어 설명해 주세요.

질문 7: 당신은 응시자에 대한 현 감독자 또는 지난 2년 간 감독자이었나
요? 아니라면 당신의 후보자와 관계는 무엇인가요?

일반적 질문: 이 사람에 대해 다른 내용을 말할 것이 있나요? 그렇다면
예시와 함께 설명해 주세요.

(7) 거짓말 탐지기 조사

응시자가 과거 청소년기 등에 마리화나, 해쉬쉬, 크리스탈 같은 마약을
복용했는지 또는 비행 경력이 있는지 등을 질문하기도 하며 응시자가 인터뷰
나 자기소개서에서 거짓말을 한 것이 있는지 등을 확인한다. VPD에서는 응시
자가 응시과정 전반에 걸쳐 정직하고 사실대로 행동하였다면 걱정할 것이 없
다고 안내하고 있다.

(8) 의료 검사

밴쿠버시청과 계약된 의사에 의한 의료 검사를 받는다. 필기 시험 전에
응시자는 의사가 작성한 진단서를 제출하여야 한다. 시력 측정도 이루어진다.
의료 검사가 응시과정에서 유일하게 비용을 지불하는 과정이다. 의료 검사비용
은 약 480캐나다 달러(약 45만원)이다.

4. 학부 전공 분야

우리나라 경찰관들의 대학시절 전공 분야는 이공계보다 주로 법률, 행정,
경찰학, 범죄학 등 인문사회 분야가 많은 반면에 캐나다 경찰관들의 전공 분야
구성은 매우 다양하다. 캐나다 경찰의 중심은 대학시절 컴퓨터, 자동차, 화학
등 엔지니어링 분야와 과학을 공부한 사람들이다. 이들은 조직범죄, 마약, 살
인, 아동성매매 등 수사 분야뿐 아니라 인사과 교통과에서도 많이 근무한다.
상업(Commerce)이나 비즈니스 마케팅을 전공한 경찰관들도 일부 있는데 이 중
에는 기업범죄나 지능범죄 분야에 근무하는 경찰관들이 많다. 우리와 비교하여

범죄학이나 법률을 공부한 사람이 상대적으로 적은 편이다.

5. 평가 및 제언

　신임 경찰관 채용 응시자가 30여 명에 달하는 추천인 명단과 연락처 제출을 위해서는, 추천인들로부터 우수한 평판을 얻기 위해서는, 그리고 문제해결 능력과 자발적 업무 추진 능력 등을 갖추기 위해서는 응시자는 청소년 시기부터 많은 'Job experience(취업 경험)'를 갖추고 업무에서 성과를 내야하며[8] 주도적인 교내 활동이나 스포츠 활동 등 'life experience'를 쌓아야 한다.

　캐나다를 비롯하여 덴마크 등 북유럽 사회에서 '인재 채용'에 있어 과거 지식 테스트(Knowledge test)를 중시하다 근래에는 'Job experience'를 더 중시한다. 이는 업무에서 요구하는 일정 수준의 지식을 가진 경우에 과거의 업무처리 경험과 이에 따른 성과나 평판이 개인의 미래 업무처리 능력을 예측하는 데 더욱 중요하다고 판단하기 때문이다.[9]

　우리 경찰은 공정성과 투명성을 확보하기 위해 지식 테스트 위주로 경찰관을 채용하는데, 이러한 채용방법이 경찰의 이념과 목표에 부합하는 경찰관을 선발하는 데에는 한계가 있을 수 있으므로 직업상 요구되는 일정 수준의 지식 테스트를 통과하면 후보자의 업무처리 능력, 미래 발전가능성, 준법성·정직성·이타심·전문성·사회 봉사 정신 등을 확인할 수 있는 새로운 인재 채용 제도의 도입을 검토할 필요가 있어 보인다.

---

8) 학생 시절에 Job experience 없는 사람들보다는 일을 많이 해보고 활동을 많이 하면서 다양한 상황을 처리해 본 응시자들이 이러한 테스트에서 우수한 평가를 받는다.
9) 이러한 미래 예측기법은 VPD 경찰관의 승진에서도 적용된다.

2절   연방경찰(RCMP)의 경찰관 채용제도 변화

1. 신임 경찰관 채용 원칙

경찰 업무의 기본 속성상 경찰관은 갈등이 첨예한 상황에서, 때로는 많은 사람이 관여된 사건에서, 또는 해결에 오랜 시간이 걸리는 상황에서 관계자들에게 법률과 질서를 이해시켜야 하고 질서를 회복하여야 한다. 그리고 경찰관은 사회를 변화시키기 위해 자발적으로 노력하는 문제해결형 인재가 되어야 한다.

캐나다 연방경찰(RCMP)은 신임 경찰관으로 리더십이 있는 높은 동기부여가 된 사람을 찾는다. 그리고 신임 경찰관들을 법률이나 인문사회과학 등 특정 분야에서만 채용하는 대신에 엔지니어링, 자연과학, 스포츠 등 다양한 분야에서 구한다. 어느 분야의 배경을 가진 후보자이든 간에 RCMP의 핵심가치인 HIPCAR(Honesty 정직; Integrity 성실성; Professionalism 전문성; Compassion 이타심; Accountability 책임감; Respect 존중)를 갖추어야 한다.[10)]

2. 지원 자격 조건

RCMP의 경찰관에 지원하기 위해서는
- 캐나다 시민이나 영주권자. 영주권자는 지난 10년 간 연속으로 캐나다에서 거주하여야 한다.
- 19세 이상자
- 영어 그리고/또는 프랑스어에 능통할 것. 캐나다는 영어와 프랑스어가 국어이기에 두 언어의 사용능력을 요구한다.

---

10) http://www.rcmp-grc.gc.ca/en/qualifications-and-requirements

- 유효한 운전면허증 소지
- 캐나다 고교졸업증서 및 이와 동등한 학력
- 건강, 정신건강, 시력, 청력 기준 통과
- 필요한 육체능력 기준 통과
- 총기를 사용할 준비가 되어 있거나 또는 다른 물리력을 사용할 준비가 되어 있을 것
- 26주간의 경찰학교 교육을 이수해야 하고, 캐나다 전국 어디든 근무할 수 있을 것. 연방경찰은 근무지가 캐나다 전역에 해당되기 때문이다.
- 주말과 휴일을 포함하여 근무교대로 일할 수 있을 것
- 문신과 피어싱(신체에 구멍을 뚫어 장식물을 다는 것)에 대한 규정 이해
- 경찰관으로서 근무중이나 근무 외에도 공공으로부터 매우 높은 윤리적 신뢰를 형성하고 유지해야 함을 이해
- 형사 법원에 계류중인 사건이 없을 것
- 사면받지 않은 형사 전과가 없을 것
- 체포/기소를 불문하고 심각한 범죄 행위에 가담되지 않았을 것. 심각한 범죄의 예는 다음을 포함하며 이에 제한되지 않는다.; 살인, 성폭력, 아동포르노물 생산과 배포, 성추행, 폭력, 아동/취약자 학대 또는 유기, 테러, 조직범죄, 불법 마약 밀매/수입/제조 등으로부터 수익, 감금, 방화, 강도, 복면이나 무기를 가진 범죄, 비의료적 마약/스테로이드 사용, 절도, 매춘, 매춘 호객, 음주/마약 운전, 부정직하게 기소를 면한 경우
- 현재 진행중인 개인적 파산 절차가 없을 것

3. 주요 채용 절차

(1) 응시자의 설문서 제출

RCMP에 지원자는 사전에 설문서(Regular Member Applicant Questionnaire, RMAQ), 적합성 점검(Suitability Screening)와 친구와 지인 확인에 필요한 연락처

를 제출하여야 한다.

RMAQ에서 RCMP는 지원자에게

- 일반적인 정보로서 페이스북·인스타그램·트위터·스냅챗 등 SNS를 가지고 있는지와 해당 사이트·유저 이름(user name)·연결된 이메일 주소, 과거 거짓말 탐지가 테스트를 받은 경험이 있는지와 그렇다면 날짜를 포함하여 세부 내용

- 고용과 관련된 정보로서 직장·학교·자원봉사활동에서 징계를 받은 적이 있는지와 세부 내용, 직장에서 해고되거나 사퇴 요구를 받았는지와 세부 내용, 직업을 가지고 있으면서 세금 신고를 안한 적이 있는지와 실업급여를 받으면서 일한 적이 있는지 세부 내용, 직장과 관련된 문제로 부정직이나 거짓말로 질책을 받은 적이 있는지

- 운전 경력과 관련하여 과거 5년 내에 음주운전을 한 적이 있는지, 과거 5년 내에 운전중에 문자메시지를 보내거나 과속을 한 적이 있는지

- 절도와 사기 등과 관련하여 불법적으로 타인의 건물·차량·주거에 들어가 현금이나 재산을 취득하려 한 적이 있는지, 장물을 구입하거나 소지한 적이 있는지, 선서한 상태·공증문서 등에서 거짓말을 한 적이 있는지, 뇌물을 주거나 그러한 시도를 한 적이 있는지

- 알코올이나 마약 등과 관련하여 지난 1년 동안 알코올이나 마약으로 취한 적이 있는 지와 횟수 그리고 취했을 때의 상태, 의사의 처방없이 사용한 마약의 종류·사용 빈도·사용기간, 솔벤트·가솔린·접착제·프로판 등을 사용하였는지,

- 경찰이나 정부기관과 관련하여 거짓말을 하거나 잘못된 보고를 한 적이 있는지, 범죄 목격자·민원인·피의자로서 법집행기관에게 진술한 적이 있는지, 민사재판이나 형사재판에 관여된 적이 있는지

- 범죄조직 활동과 관련하여 범죄조직의 구성원이나 기업형 범죄에 관여한 적이 있는지, 길거리 갱 조직이나 불법 오토바이 클럽 활동을 한 적이 있는지, 증오·폭력·인종차별·테러·불법 활동·국가 전복을 찬양하는 조직의 구성원이나 자금을 지원한 적이 있는지, 그러한 조직을

지지하는 온라인 활동을 하였는지

- 불법적인 성적 활동과 관련하여 상대방의 의지나 동의 없이 성관계(의료 상태, 정신적 문제, 알코올이나 마약으로 인해 동의할 수 없는 상태를 포함)를 가진 적이 있는지, 혈연관계자와 근친상간을 한 적이 있는지, 아동 포르노물에 접근·시청·소지·다운로드·업로드·배포·제조한 적이 있는지, 미성년자와 인터넷 등을 통해 성적 접촉을 한 적이 있는지, 공중에 성기를 노출한 적이 있는지, 미성년자와 성매매를 위해 해외를 여행한 적이 있는지, 온라인이나 인터넷으로 미성년자를 설득하거나 유혹하여 성적 추구를 하였는지, 다른 사람의 허가 없이 나체나 부분 나체를 본 적이 있는지

- 폭력적 활동과 관련하여 다른 사람을 스토킹한 적이 있는지, 온라인을 포함하여 육체적으로나 구두로 다른 사람을 성희롱한 적이 있는지, 인터넷이나 전자통신 기기를 이용하여 문자메시지 등으로 다른 사람을 협박한 적이 있는지, 가족에게 폭력을 행사한 적이 있는지, 다른 사람을 때리거나 차거나 밀친 적이 있었는지, 동물을 잔인하게 대하여 그 동물이 상처를 입거나 죽은 적이 있는지

- 무기와 관련하여 총기·칼·골프채·무기 등을 이용하여 다른 사람의 재물을 취득하려 한 적이 있는지, 불법 총기나 무기를 소지·운반한 적이 있는지

- 기타 활동과 관련하여 DarkWeb에 접근하거나 이를 시도한 적이 있는지, 테러 웹사이트나 채팅에 접근하였거나 이를 시도한 적이 있는지, 중대한 범죄가 진행될 때 현장에 있었는지, 밀수에 가담한 적이 있는지, 협박이나 공갈을 받은 적이 있는지

- 지원자가 과거 경찰·세관·이민·교도소·해경·수산업수사관 등 법집행기관에서 근무한 적이 있다면 근무중 불법 마약을 사용한 적이 있는지, 사람들에게 알려지기를 원치 않는 불법적인 일을 한 적이 있는지 또는 동료가 그러한 일을 하는 것을 본 적이 있는지, 직장의 정책에 반하는 행동이 있었는지(예 : 증거물 관리 실수, 부당한 금품의 수수, 인가받

지 않는 사람을 건물에 들어오도록 조치, 허위 보고, 허가 없이 시스템에 접근
등), 과도하다고 판단될 수 있는 물리력을 사용한 적이 있는지, 개인적
이익을 위해 지위를 이용한 적이 있는지, 수감자·목격자·피보호자·
피조사자·부하 등 당신의 영향하에 있는 사람과 성관계를 가진 적이
있는지

등에 대한 자료를 날짜를 포함하여 정확하고 정직하게 제출하도록 하고 있다.
거짓 정보, 오해할 수 있는 표현, 내용 축소, 사실을 모두 적시하지 않고 숨기지
말 것을 지시하고 있다. 불완전한 RMAQ 답변은 채용과정에서 지원자의 자격
을 박탈할 수 있음도 알리고 있다.

　　RCMP 훈령(Royal Canadian Mounted Police Regulations) 19조 (i)항목과 34조
(1)항에 따라 RCMP에 임용된 자 중 임용이 취소될 수 있는 경우는 a) 거짓
진술로 임용된 자, b) 채용과정에서 발생한 행정적 기술적 오류로 임용된 자,
그리고 c) 육체적 정신적으로 적합한 것으로 평가되었으나 임용 전부터 존재하
였던 육체적 정신적 상태의 결과로 부적합 것으로 나중에 발견된 경우이다.

(2) 거짓말탐지 인터뷰

　　거짓말탐지 인터뷰는 지원자의 정직성과 성실성을 평가하기 위해 실시한
다. 조사관은 지원자가 응시과정에서 제출한 RMAQ 응답 내용과 사전 인터뷰
에서 제공한 모든 정보를 검토한다. 이 인터뷰는 4－5시간이 소요된다.

(3) 현장 조사

　　RCMP는 지원자를 평가하기 위해 철저한 배경 조사(Background investigation)
를 한다. 이 조사의 목적은 지원자의 경찰관으로서의 적합성과 신뢰성을 평가
하기 위한 것이다. 이 조사에는 과거 고용 관계, 교육, 이웃들 조사(지원자는
가족과 이웃의 연락처 제출), 친구들과 지인들 조사(3년 이상 관계가 있는 5명의 친구
와 지인 연락처 제출), 부채 여부 등 금융관계, 온라인 활동 내용, 범죄 경력 등을

조사한다.

4. 최근 채용절차 변경 내용

앞서 살펴본 밴쿠버 경찰청의 신임 경찰관 채용 절차와 RCMP의 채용절차는 거의 유사하였다. 그러나 캐나다 연방경찰(RCMP)에서는 2016년 6월 신임 경찰관 채용 정책을 변경하였다.

다음은 캐나다 연방경찰의 신임 경찰관 채용 변경 내용이다.

- 시민권자가 아닌 영주권자도 채용

    기존에는 경찰이 되기 위해서는 캐나다 국적이 필수였으나 이번 계획에는 10년 이상 캐나다에서 거주한 영주권자도 신청이 가능하다.

- 필기 시험 면제 범위 확대

    과거에는 모든 지원자가 필기 시험을 보았으나 2005년부터 4년제 대학 졸업자에게만 필기 시험을 면제하던 것을 이번 계획에는 2년제 대학 졸업증이 있는 자까지 필기 시험을 면제한다.

- 체력 테스트 없앰

    과거에는 체력 테스트를 실시 한 후 합격자를 선정하였지만 이번 계획에는 체력 테스트 없이 26주 신규 교육프로그램에서 체력 테스트가 실시된다는 것이다.

- 기타 주변인 평판 점검, 직업 경력 확인, 거짓말 탐지기 확인 등은 기존과 같다.

5. 캐나다 RCMP의 채용절차 변경 이유

RCMP의 신임 경찰관 채용절차 변화는 과거보다 점점 지원자가 줄어드는 문제를 반영하기도 하였지만, 가장 큰 이유는 사회의 다양성을 경찰에도 반영하겠다는 정부차원의 결정이었다.

2015년 캐나다 수상 선거에서 트루도 정부가 들어선 뒤 여성, 원주민, 소

수 이민자들에 대한 정책적 배려를 강화하였으며 장관 인선 시 여성을 장관
직 전체의 50%로 충원하였다. 트루도 수상은 장관 임명 시 기자회견에서 "왜
여성을 50%로 충원하였느냐? 일부러 숫자를 맞춘 것이냐?"는 질문에 "지금은
2015년입니다"라고 답변하였다. 캐나다 정부의 소수자에 대한 배려는 이후
RCMP의 충원에도 영향을 미쳤다.

　　2016년 현재 캐나다 경찰의 주류는 백인 남성이며 여성 경찰관은 전 조직
의 17%이고, 외견상 소수자(아시아계, 아랍계, 아프리카계 등)는 매우 적다.

　　캐나다 연방 정부에서는 경찰 내에 성별, 인종, 문화적 다양성을 높인다는
중장기 목표를 가지고 있으며 30%의 여경, 20%의 외견상 소수자, 10%의 원주
민 인디언을 조직 내에 충원한다는 계획이다. 이에 따라, 시민권자가 아닌 영주
권자에게도 경찰관 응시 기회를 제공하고 있다.

　　한편, 경찰관 채용 시 연령과 관련하여 현재 RCMP 신임경찰관 평균 채용
연령은 28세이다. 캐나다에서는 경찰관에 응시하는 데 연령 제한은 없고 정해
진 체력 기준만 통과하면 된다. 이에 따라 40세 또는 50세 이상도 기존 직업인
교사, 간호사 등을 그만두고 경찰이 되는 사람들도 있다.[11]

3절　VPD Sergeant(경위급, 초급 간부) 승진절차

1. VPD 계급 구조

　　밴쿠버 경찰청의 계급 구조는

　　Constable(실무 경찰관) - Sergeant(경위급) - Staff Sergeant(경감급) - Inspector
(경정급) - Superintendent(총경급) - Duputy Chief Constable(부청장) - Chief Constable

---

11) 저자는 현장체험인 Ride-Along을 같이 하면서 40대 초반에 간호사에서 경찰로 직업을 바
　　꾼 여성 경찰관을 만났고, 심지어 55세에 교사에서 경찰관으로 직업을 바꾼 여성도 있었다.

(경찰청장)로 총 7개 단계로 구성되어 있다.

2. Sergeant의 임무

　　VPD에서 Sergeant는 General Duty(GD, 일반 순찰)팀의 경우, Constable 12-13명 중 1명이 배치되어 사건 접수와 처리 시 직원 배치, 조치 방향 결정, 신병처리, 영장청구(Constable 명의로 판사에게 직접 청구) 서류 검토, 타 팀 지원 지정, 휴가자 조정 등 감독자 역할을 수행한다.

　　수사팀에서 Detective(형사) 3-20명당 팀장으로 Sergeant가 있어 수사관 지휘,[12] 법원에 보낼 서류 검토, 수사 방향 결정, 중요 프로젝트 보고서 작성 등을 한다.

3. Sergeant 승진제도(Sergeant Selection Process)의 원칙[13]

　　가. Sergeant 승진제도는 공동체와 VPD에 가장 높은 품질의 서비스를 제
　　　　공할 것으로 보이는 신청자를 승진시키기 위해 설계되었다.

　　나. 승진 신청자와 VPD 모두에게 공정하고 투명하고 책임성 있는 과정을
　　　　목표로 한다.

　　다. 탁월한 리더십 능력, 일관적인 업무실적 그리고 다양한 경험과 능력이
　　　　있는 후보를 선발한다.

　　라. 가능한 상당한 수준의 객관적 수단이 고려되지만, 후보자는 여러 진행
　　　　단계에서 주관적인 요소가 피할 수 없는 요소임을 이해하여야 한다.

---

12) 10여 년 전에는 자동차절도 수사팀이 규모가 컸으나 자동차 제조기술 발달로 자동차절도
　　수사팀의 업무가 줄어들고 대신, Domestic Violence(가정폭력) 업무가 증가하여 수사팀 인
　　원을 재조정하였다.

13) VPD Regulations and Procedures(VPD 훈령과 지침), Sergeant Selection Process.

4. Sergeant Selection Process

(1) Sergeant Selection Committee(승진위원회)

동 승진위원회의 장은 'Support Services Division(지원과)'의 과장인 총경이 맡는다. 위원회는 위원장, Human Resources Section(인사계)의 경정, Career Development Unit의 경찰관들 그리고 VPD 노조에서 임명된 1명으로 구성된다.

위원회의 의사결정은 합의를 기초로 형성한다. 위원회가 합의에 도달하지 못하면 위원장이 의사를 결정한다. 위원회는 승진제도와 일관성이 없는 것이 아니라면 합리적인 어떠한 결정이라도 할 수 있다. 이 결정들은 문서로 작성되어야 한다. 인사과의 Inspector(경정급)가 위원회에 자료 제공, 행정적 임무, 진행방향을 보조하기 위해 참여한다.

위원회는 승진과정 행정에 대한 전체적인 감독을 한다. 인사과의 Inspector(경정급) 또는 대행자는 후보자들에게 동 승진제도의 진행절차 대한 방향을 알린다.

위원장은 'Sergeant Selection Panel(승진자 선발 소위)'의 선택과 감독에 책임이 있다.

승진심사는 대개 1년에 한 번 개최되지만 경찰업무의 필요가 있는 경우 여러 번 개최할 수 있다.

(2) Sergeant Selection Panel(승진자 선발 소위)

이 패널에는 경정급(Inspector), 경감급(Staff Sergeant), 경위급(Sergeant)에서 총 5명으로 구성한다. 패널 위원들은 다양한 업무, 실국, 전문 분야에서 골고루 선정한다.

1명의 Inspector(경정급, 위원장), 1명의 다른 Inspector 그리고 2명의 Sergeant로 구성된다. 4명의 위원은 각각 다른 국으로부터 선발되며 1명의 인사과 경찰관이 참여한다.

(3) 후보자 자격조건

8년 이상의 경찰경력을 가진 Constable로서 최소 3년 이상 VPD에서 근무한 자 또는 Detective는 이 승진과정에 참여할 수 있다. 후보자는 신청서를 제출하기 전에 다음 조건을 성취하거나 완료하여야 한다.

- Sergeant 시험(Q&A와 보고서 작성)의 75점을 통과
- 관리자 모듈 1, 2 그리고 3
- 관리자용 WMS
- 관리자용 Workflow
- 과거 업무실적 평가(모든 카테고리에 도달하거나 초과)
- 전 심사과정을 통화여 유효한 자격을 유지

(4) Sergeant 승진시험

Sergeant 승진에 참여하는 사람은 Sergeant Promotion Exam을 통과하여야 한다. 그 시험을 위한 학습자료는 제공되지 않지만, 내부망을 통해 '승진시험공부 가이드라인'을 통해 준비에 필요한 방향을 확인할 수 있다.

승진시험은 두 부분으로 구성되면 이틀에 걸쳐 필기 시험을 본다.

Part 1: 단답형 질문으로 참/거짓 문항과 짧은 문장형의 시험이다. 법률, 실무, 수사지식, 감독자 기술, VPD의 규정과 절차, 노동 관련(노조)으로 구성되어 있다. 이 시험은 전체 득점 중 70점을 차지한다.

Part 2: 보고서 작성 시험이다. 후보자들에게 하나의 사실/정보가 주어 지고, 상사에게 보고서를 작성하는 형식이다. 마이크로소프트 워드로 작성하며, 1,200에서 1,500단어로 작성해야 한다. 내용, 논리와 전개, 구성과 구조, 문법, 어휘 능력들을 테스트한다. 주제는 일반적 치안 지식과 관련된 것이며, Sergeant로서 요구되는 지식이다. 이 부분은 전체 득점 중 30%를 차지한다.

후보자는 전체 득점 중에서 75점을 획득해야 한다.

Part 1과 2에서 획득한 점수는 4년 간 유효하다.

승진 시험을 첫 번째로 보는 후보자는 같은 해에 파트 1과 2 시험을 모두 응시해야 한다. 이미 승진 시험을 본 후보자는 점수를 높이기 위해 두 파트 모두가 아닌, 단지 하나의 파트에 대해서(보고서 작성 또는 단답형 시험)을 볼 수 있다. 새로 취득한 점수는 그것이 비록 낮은 점수일지라도 유효한 점수가 되고 기존 점수는 사용되지 않는다.

(5) 신청/승인 양식(Application/ Endorsement Form)

신청자는 신청/승인 양식을 제출하여야 한다. 후보자는 최근 과거 3년 이내의 그들의 상사였던 Sergeant나 Staff Sergeant들로부터 지지한다는 서명을 받아야 하며 상사는 최대 3명까지 가능하다. 또한 후보자는 현재 상사인 Inspector(경정급)으로부터 승인 서명을 받아야 한다.

이러한 제도의 목적은 후보자의 감독자들로부터 지지의 정도를 평가하고 상사들의 참여와 책임성을 부여하기 위함이다. 이 신청/승인 양식은 매년 새로운 승진과정에서 제출해야 한다.

만약, 상사들로부터 지지를 받지 못하는 후보자는 그 지지하지 않는 이유를 문서로 제출하여야 한다. 후보자의 현재 또는 과거 상사들은 완성된 양식을 Human Resources Section(인사과)에 직접 제출하여야 한다. 그 상사들에게 그 양식을 전달 마감시한 전까지 제출토록 설명하는 것은 후보자의 책임이다.

후보자는 완전히 승인을 받고 모든 조건이 갖추어지면 '이력서(Resume Package)'를 인사과에 제출한다. 이력서 제출 마감시한은 신청/승인 양식 제출 만료시한 후 2주이다.

(6) 심사 배제

Chief Constable(경찰청장) 또는 그 위임자는 합당한 이유가 있으면 언제든지 신청을 거절하거나 신청자를 배제할 수 있다. 경찰청장이나 그 위임자는 배제할 사실을 인식한 경우 즉시 반드시 배제해야 한다. Chief Constable 또는 위임자는 이 결정을 반드시 문서로 해당 후보자에게 보내야 한다. 후보자의 감독자, 인사과장, 직업윤리과장은 후보자를 배제할 근거가 있는 경우에 언제든지 관련 정보를 경찰청장에게 문서로 발송하여야 한다.

(7) Resume Package(이력서)

이력서는 다음과 같이 구성된다.
- Curriculum vitae(CV, 자기소개서) – 최대 2 페이지, 최소 11 폰트 사이즈로, 4 사이드에 최소 1인치 간격
- Cover Letter – 최대 1,000단어로 왜 후보자가 우수한 Sergeat가 될 수 있는지 이유를 적시할 것.

자기소개서에는 과거 경험한 업무, 학교 교육, 교육 이수 코스, 후보가 포함하기를 원하는 관계된 정보들을 기록할 수 있다. 후보자가 가이드라인을 염두에 두면서 득점에 활용될 것을 기록할 수 있다.

후보자가 자기소개서나 cover letter를 기록할 때 염두에 두어야 할 사항들은 다음과 같다.
- 리더십
- 일관성 있는 성과
- 다양한 경험과 능력

CV와 cover letter에 대한 평가는 '평가 인터뷰 단계(Evaluation Interview Stage)'에서 함께 이루어진다.

(8) Evaluation Interview Stage(평가 인터뷰)

후보자는 인터뷰에 최대 1시간을 할당받는다. 인터뷰는 다음과 같은 것으로 구성된다.

- 세 가지의 행동 묘사 지표(Behaviour Descriptive indicator, BDI)[14] 질문. 이 질문들은 VPD 핵심가치에 기반한다.
- 한 가지의 시나리오 질문
- 경력 요약 발표 : 후보자가 구두로 그의 리더십, 일관성 있는 실적과 다양한 경험과 능력 분야에 대해 발표함.

Selection panel은 인터뷰 과정에서 필요한 경우 질문을 명확히 하기 위해 추가 질문을 할 수 있다. 후보자는 자기소개서와 cover letter를 참고할 수 있다.

(9) 점수

- BDI 질문

각각 10만점으로 계산한다. 6개의 VPD 핵심가치 차트가 점수 배점의 가이드라인으로 사용된다.

- 시나리오 질문

10점 만점으로 계산한다. 질문은 순찰팀장으로서 Sergeant가 현장에서 처리할 것으로 예상되는 현실적인 시나리오를 바탕으로 한다.

- 자기 발표, 자기소개서와 cover letter

모두 함께 30점 만점으로 계산한다. 배점은 다음 영역으로 한다.
  - 리더십(10점)
  - 일관성 있는 실적(10점)
  - 다양한 경험과 능력(10점)

---

14) BDI(Behaviour Descriptive Indicator)는 후보자가 과거 업무에서 어떻게 행동하였는지를 확인하는 방법으로서 '미래 업무 예측은 과거 유사한 환경에서 어떻게 하였는지를 파악하는 것이다'는 기본 전제하에 실시됨. BDI에서는 과거 경험한 특정 상황이나 사례에서 특별한 기술이나 능력을 보였는가를 후보자가 구술하는 방법임.

(10) 최종 선발

유효한 후보자들은 평가 인터뷰 단계의 마지막 득점을 바탕으로 순위가 결정된다. 그리고 현재 Sergeant 공석의 숫자에 따라 승진한다.

득점이 같은 경우에는 VPD의 PIN에 의한 서열이 높은 사람이 승진한다.

후보자 중 선택되지 못한 사람은 후보자 명부에 오르지 않고 다음 승진 선발과정에 다시 경쟁해야 한다.

(11) 승진 탈락 후보자들

탈락 후보자는 패널에 피드백을 요구할 수 있다. 차기 승진 경쟁을 위해서는 후보자는 새로운 신청/승인 양식을 새로운 승진에 제출해야 한다. 후보자들은 업데이트된 새로운 Resume Package(이력서)를 제출해야 한다. 후보자들은 특별한 가이드라인, 멘토나 제3자의 조언이 승진을 보장하지 않는다는 것을 인식해야 한다.

승진의 속성상 매우 경쟁적이므로 실패한 후보자들은 승진 패널로부터 피드백을 받기를 권장한다. 이는 다음 승진 경쟁에서 자신의 승진 적합성을 재평가할 수 있고, 보다 나은 발전과정을 수행할 수 있다.

(12) Sergeant 교육 프로그램

Sergeant로 승진한 후보자들은 Sergeant 교육 프로그램을 받아야 한다. 이는 그들에게 감독자 역할을 준비하게 함에 목적이 있다. 교육은 치안 현장업무와 행정 이슈들로 구성되어 있다.

◆ 배점 가이드라인 ◆

Behavioural Descriptive Indicator(BDI) 질문들:

BDI 질문들은 VPD의 6가지 핵심 가치에 바탕을 둔다.[15] 핵심가치 차트

---

15) VPD의 핵심가치는 ICARE로 다섯 가지인데 이 정책 계획자가 착각한 듯하다.

가 배점 가이드라인으로 사용된다.

후보자는 다음의 구조에 따른 BDI 답변이 요구된다.

- 문제점 및 상황: 질의와 관련된 상황이나 장면을 묘사하는 게 좋다. 후보자가 높은 임팩트가 있는 문제점이나 상황의 속성을 나타내는 예를 선택하면 좋은 득점을 할 수 있다.
- 행동: 모호한 진술보다는 구체적으로 후보자의 행동을 묘사하는 게 좋다.
- 결과: 결과에 대한 구체적인 사실을 제공하는 게 좋다. 그 사무실이나 경찰청에 계속 유산으로 남을 긍정적 변화가 좋다.

경력 요약(Career Synopsis)

경력 요약 발표에서 후보자들은 그들의 리더십, 일관성 있는 실적 그리고 다양한 경험과 다양한 능력을 제시하는 게 좋다. 후보자들은 다음 항목별로 득점한다.

리더십 경험(10점), 일관성 있는 실적(10점), 다양한 경험과 다양한 능력(10점)이다.

패널 위원들은 후보자의 자기소개서, cover letter 그리고 구두 발표를 함께 평가한다. 경력 요약의 전체 점수는 30점이다.

- 리더십 :
  - 리더십 경험(예를 들어 현장 또는 프로젝트 팀 리더, 수사관들 지휘, 재판서류 작성자(Coordinator), 잠복감시 팀장, 공동체 프로젝트, 경찰관들이나 팀을 이끌어 본 경험)
  - Sergeant 임무 대행, 대행업무의 시간으로 평가된다.
  - 코칭과 멘토링 경험

- 일관성 있는 성과
  - 최근 것이 아닌 경찰관 생활 중 계속적으로 프로젝트를 수행
  - 경찰관 재직 중 높은 성과를 거양
  - 경찰관 생활 중 지속적인 리더십 경험
  - 모범적인 업무로 인정받은 사례(예를 들어 칭송, 수상 그리고 다른

중요한 성과들)

- 다양한 경험과 다양한 능력
  - 제복 근무, 수사업무, 행정업무, 또는 부서 간 협력업무 등에서 다양한 경험을 의미하지만 후보자가 모든 분야에서 다양한 경험을 보여줄 필요는 없다.
  - 중요한 순찰 경험
  - 경찰관에 대한 코칭, 멘토링,[16] 현장교육 경험
  - 전문성 있는 분야 경험(예를 들어 instructor나 facilitator, 교관)
  - 자원봉사활동(지역사회공동체 멤버, 지역사회 참여, VPD 자원활동)
  - 교육(예를 들어 대학 학사, 중요한 과정이나 훈련 이수)

5. 평가 및 향후 고려 사항

VPD는 7개의 계급 구조인 반면 우리 경찰은 11개의 계급 구조이고, VPD는 경찰관으로서 첫 입직은 모두 동일한 계급인 Constable로 경찰을 시작하는 반면 우리는 순경·경장·경위·경감·경정 특채 등 다양한 입직 경로가 있다.

이러한 인력 운영의 차이점들로 인해 우리 경찰과 VPD간의 초급 간부 승진에 필요한 소요 연수나 승진제도가 VPD와는 다른 면이 많이 있다.

VPD에는 초급 간부인 Sergeant로 승진하는 방법이 한 가지뿐이지만 우리의 경우에는 일정 소요 연수가 지난 사람을 대상으로 하는 근속승진, 1~2년간의 특정 기간에 우수 공적자를 대상으로 하는 특별승진, 시험승진, 심사 등 다양한 방법으로 상위 계급으로 승진하는 제도의 차이점이 있다. 또한 우리 경찰은 승진 후보자 선발 시 도서·벽지 부서 근무자나 감찰 부서 근무 경력자에게 가점을 부여한다. 우리는 상위 계급으로 승진 시 동일 분야에서 장기간 근무한 자에게 '경험한 직책'에 의한 가산점이 있지만, VPD는 간부로 승진하는

---

16) 신임 Constable이 첫 근무지에 부임할 때, 약 5년차 이상의 Constable이 6개월 간 같이 순찰차에 탑승하여 멘토링을 실시하고 6개월 간의 멘토링 기간이 지나면 멘토가 '신임자가 스스로 업무를 처리할 수 있는지, 업무처리 중 문제가 발생한 것은 없었는지' 등에 대한의 평가서를 제출한다.

데 다양한 근무 경험을 중요시하여 수사·제복 근무·순찰·행정업무 실적을 평가한다.

우리 경찰도 동일 계급 전체에 걸친 업무 실적을 종합한 승진제도를 검토할 필요가 있어 보인다. 또한, 한 기능에서 특화된 사람보다는 다양한 기능의 업무에서 우수한 성과를 거양한 사람을 상위 계급자로 승진토록하는 제도를 깊이 검토할 필요가 있어 보인다.

4절 MacNeil Report[17] – 경찰관 총기 피격 사고 예방

1. 사고 개요

2014년 6월 4일 19:18분 New Brunswick주 Monctont시의 Codiac RCMP 경찰서는 911을 통해 '남성 한 명이 군 위장복을 입고 두 개의 긴 총과 실탄을 가지고 숲 쪽으로 걸어가고 있다.' '용의자가 한 표현으로 볼 때 위험성이 있다고 본다'는 2건의 신고를 받았다.

이 신고를 접수하고 경찰관들은 현장에 출동하였다. 정실질환이 있는 'Justin BOURQUE'라는 자가 M305.308 반자동 소총(rifle)으로 순찰경찰관들에게 사격을 가하여 상상할 수 없는 피해를 가하였다. 이 총격으로 Constable David Ross 등 3명이 사망하였고, Constable Eric Dubois 등 경찰관 2명이 중상을 입었으며, 여성 경찰관 1명은 경찰차량에 다수의 총탄을 맞았으며, 수명의 다른 경찰관들은 화력이 강력한 반자동소총의 위험에 노출되었다. 세 가족이 그들의 남편, 아들, 아빠, 형제를 잃었고 RCMP는 그들의 경찰력을 잃었으며, 몽통 시와 주변 지역은 안전감을 상실했다. New Brunswick주와 캐나다는

---

17) http://www.rcmp−grc.gc.ca/en/independent−review−moncton−shooting−june−4−2014 RCMP 홈페이지 관련 부분을 요약 정리하였다.

이런 의미 없는 비극에 핵심가치가 크게 흔들렸다고 평가하였다. 당시 출동한 경찰관들은 평상 시 규정에 의해 범인보다 화력이 약한 권총과 Shotgun(산탄총 또는 엽총)을 소지하고 있었다.

범인 BOURQUE는 2014년 6월 6일 경찰특공대(Emergency Responce Team: ERT)에 의해 체포되었으며 3명의 경찰관 살인죄와 3명의 경찰관 살인미수죄로 기소되었다.

2. MacNeil 조사위원회 발족

(1) 경찰청장, MacNeil을 독립조사위원장 임명

2014년 6월 25일 RCMP 경찰청장 Bob Paulson은 모든 경찰청 근무자들에게 메시지를 통해 "현장에서 근무하던 세 명의 경찰관이 사망하였다. 그리고 많은 다른 경찰관들이 죽음에 가까웠던 사건이 발생하였다. 우리는 이 사건의 사실들이 무엇인지 완전히 이해해야 하고, 그것들로부터 배워야 하며, 만약 필요하다면 우리의 규칙들을 즉시 바꿔야 한다"고 강조하였다.

RCMP는 이러한 비극적인 사고 이후 유사사건의 재발 방지를 위해, 향후 보다 효과적인 현장 경찰관의 안전과 사회의 안전을 위해 그리고 변화하는 치안 환경에 대응하는 실질적인 대책을 수립하기로 하였다.

RCMP 경찰청장은 2014년 6월 30일 은퇴한 경찰관인 Assistant Commissioner(치안감급) Alphonse MacNeil을 이 총격 사건에 대한 '독립조사위원회 위원장(Independent Reviewer)'으로 임명하였다.

경찰청장은 '조사위원회는 범죄 수사나 경찰청 내부 위험발생 조사팀(HOIT)의 조사에 방해가 되지 않는다면 필요한 경우 사고 현장을 갈 수 있으며, 수사기록과 여타 기록들을 검토할 수 있고, 경찰관이나 목격자를 면담할 수 있다'고 권한을 부여하고 다른 필요한 인적·물적 자원이 필요하면 이를 제공하겠다고 약속하였다.

(2) 위원회의 임무와 활동기한

경찰청장은 MacNeil에게 90일 간의 활동기간을 부여하고, 13개 영역에 대한 조사, 적용 가능한 건의안 그리고 보고서를 제출해 줄 것을 요청하였다. 구체적으로 검토업무 근무일 45일 이내에 중간보고서를 제출해 줄 것과, 90일 이내에 건의서와 함께 결과보고서를 제출해 줄 것을 요청하였다. 계약과 정책 규정에 따라 비용이 지불될 것이며, 이 위원회의 활동과 관련된 모든 비용은 경찰청이 부담한다고 명문화하였다.

경찰청장이 요청한 13개 분야의 주요 내용은 다음과 같다.

1. 2014년 6월 4일 첫 번째 신고에 대한 전술, 대응, 배치, 협력 등과 관련하여 경찰청 교육, 정책, 다른 영역에서 개선점이 있는지?
2. 신고에 대한 의사결정과 위험 판단과 관련하여 조기에 신고와 대응을 재평가할 것이 있는지?
3. 전 과정에 걸쳐 감독과 관련하여 어떠한 영역에서 개선점이 있는지?
4. 사건 진행과정에서 ERT(경찰특공대)나 협력 대응분야는 어떠했는지?
5. 적절한 장비와 경찰무기의 사용가능성이 있었는지 그리고 이러한 장비가 적절히 사용되었는지?
6. 경찰관들의 현 교육훈련이 현실과 괴리가 있는지, 이 사건으로 새로이 실행되어야 할 교육 분야가 있는지?
7. 작전 중 의사소통과 관련, 경찰관－감독자－경찰특공대－다른 협력 팀들간 커뮤니케이션은 어떠했는지, 경찰 무전기 작동은 어떠했는지?
8. 미디어 커뮤니케이션은 어떠했는지, 소셜 미디어의 역할은 무엇이었는지, 개선점이 있는지?
9. 폭 넓은 정책 검토 필요성과 관련하여 현 규정, 정책, 전술 등이 제대로 수행되었는지, 이들의 변화가 필요한지?
10. 피의자의 총기 소지와 관련하여 사건이 진행될 때 대응 경찰관에게 어떤 정보가 알려졌는지?
11. 불법행위 정보 분석과 관련하여 사건 전에 법집행기관이 개입할 기회

가 있었는지, 이러한 피의자로부터 조기에 위험 신호를 탐지할 방법은
있는지?

12. 사후 경찰관 치유와 관련하여 경찰관, 민간공무원 그리고 그 가족들
치유와 관련하여 개선을 위한 제언이 있는지?

13. 이 비극과 관련된 사건으로부터 배울 교훈이나 제언사항이 있는지?

(3) 맥닐 위원회 활동

이에 따라, MacNeil은 사실 확인과 13개의 분야에 대한 조사를 위해 팀을
구성하였다. 팀원들은 캐나다 전역에 걸쳐 규정과 규율에 전문성이 있는 경찰
관들로 구성되었다.

이 조사위원회에는 순찰팀, 형사팀, 범죄정보팀, 청소년범죄팀, 경찰특공
대, 교육팀, 장비팀, 위기상황관리팀, 위기관리계획팀, 경찰조직간 협력팀, 감
독, 리더십, 고용팀, 의사소통팀, 정책분석팀, 연구와 보고서 작성팀 등을 두루
포함하였다.

또한 공군 소속의 민간공무원, 법률지원팀과 계급별로도 현장 근무자로부
터 총경급 관리자까지 포함하였다.

이 팀의 목표는 이 비극으로부터 배워서 미래에 거대한 개인적 위험하에
서 업무를 수행하는 사람들이 최선의 교육훈련(training), 장비(tools) 그리고 업
무처리 절차를 갖도록 하는데 있었다.

맥닐 위원회는 2014년 6월 4일 그리고 그 이후에 무엇이 발생하였는지를
정확히 재구성하는 것으로부터 시작하였다. 형사팀의 수사 내용, OCC(Operational
Communication Centre, 911 지령실)의 교신 내용, 경찰관 간 무전과 전화 통화 내
용, 비디오 내용, 과학 감식 자료 그리고 경찰관들의 진술 내용을 검토하였다.
관련 경찰관들과 함께 현장을 방문하여 직접적인 설명을 듣기도 하였다. 이러
한 높은 스트레스를 주는 상황하에서 많은 기억들이 시간, 발생 후 대화, 미디
어 노출, 사진, 비디오 등에 영향을 받았다. 또한, 범인인 Bourque의 진술을
분석하였지만 재판진행과정에 있어 많은 제약이 있었다.

(4) 맥닐 위원회의 조사내용과 건의안(Recommendation)

1) 조사보고서 목록

은퇴한 경찰 간부였던 MacNeil은 6개월여의 조사위원회 활동 후 2015. 1. 16 'MacNeil Report'를 제출하였다. 맥닐 보고서는 경찰청장이 요청한 13개 분야와 미래 발전적 제언을 마련하는 것을 중심으로 작성되었다.

동 보고서는 다음과 같은 항목으로 기록되었다.
- 6월 4일 19:18분부터 6월 6일 00:20까지 상황 기록
- 섹션 1: 첫 신고에 대한 전술과 대응
- 섹션 2: 의사결정과 위험성 평가
- 섹션 3: 전 사고 과정에서 감독
- 섹션 4: 계속되는 대응
- 섹션 5: 장비와 경찰무기
- 섹션 6: 경찰관 교육과 간부들의 안전 관리
- 섹션 7: 상황 관리 시 의사소통
- 섹션 8: 미디어와 의사소통
- 섹션 9: 광범위한 정책 검토
- 섹션 10: 피의자의 총기 소지
- 섹션 11: 범죄 관련 정보수집과 분석
- 섹션 12: 경찰관, 민간공무원, 그 가족들의 사후 치유
- 섹션 13: 제언 목록
- 부록 : 경찰청장이 작성한 위원장 임명장
  조사위원회원 명단

2) 건의안

MacNeil 보고서는 경찰관에게 Carbin 소총 지급과 교육 필요성 등 다방면에 걸친 64개항에 대한 건의서 제출하였다. MacNeil은 이 보고서에서 '캐나다의 모든 경찰관은 지역사회를 보호하는데 있어 그들 스스로가 위험에 노출되

어 있다. 경찰관들은 치안활동이 근본적으로 위험한 직업임을 인식하고 있고
장비, 교육훈련 그리고 지원 등을 통해 안전이 보장되어야 한다'고 강조하였다.
'이 사고로 3명의 경찰관들은 자신들이 진정으로 사랑하는 일을 하면서 사망하
였다. 그 경찰관들은 당신들이 도움이 필요할 때 신고를 받고, 동료 경찰관들이
지원을 필요로 하면 거기에 반응하는 경찰관들이었다'고 평가하면서 '이 제안
들이 경찰관들, 경찰청 소속 민간공무원 그리고 가족들의 안전과 지원 서비스
의 질을 향상시키길 바란다'고 하였다.

　맥닐 위원회는 6개월여 연구를 거쳐 2015년 1.16일 180페이지에 달하는
64개항의 건의안을 제출하였고, 경찰청장은 모든 건의를 수용하였다. 이 제안
들은 각각 관련 상황을 자세히 설명하면서 왜 그러한 제안들이 필요한지를 말
하고 있다.

　이 책에서는 64개의 건의안 모두를 소개하지 못하고 주요 제안과 내용만
을 소개한다.

　　1. 범인의 치명적인 총기가 경찰관을 위에서 겨누고 있을 때 대응 방법에
　　　대한 교육이 필요하다. 당시 현장 상황에서 경찰관이 자신을 엄폐하고
　　　이동하는 것들에 대한 안전 확보방법을 훈련하는 것이 필요하다.
　　2. 경찰관이 근무 시 무전기를 가지고 있는 한편으로, 휴대용 전화기나
　　　위성 전화기(가능할 때)를 가지고 근무할 것을 규정으로 만들어라.[18]
　　　당시 피의자가 주거지역으로 이동할 때, 일선 감독자도 현장으로 이동
　　　하고 있었는데 중요한 순간에 현장 경찰관들의 배치와 임무에 대해
　　　충분한 의사소통을 하지 못하였다. 이렇게 무전기를 통한 의사소통이
　　　충분하지 않은 적이 많았다.
　　3. RCMP는 중요 사고를 지휘하고 통제하는 '현장 지휘관(Frontline supervisors,
　　　순찰팀장급 간부)'을 교육하는 방안을 검토하라.
　　4. RCMP에서는 순찰팀장급 간부들이 'CIC(Critical Incident Commander, 주

---

18) 이후 모든 경찰관들은 무전기 휴대뿐 아니라 핸드폰을 가지고 근무하도록 지침이 개선되
　　었다.

요 사건 현장 지휘관, 경찰서 과장급' 도착 전까지 사건을 관리하고 감독할 능력을 갖도록 하는 교육 훈련을 하라. 경찰청에 관련 교육 프로그램이 있지만 현재 상태로는 충분하지 않다. 순찰팀장급 간부, Cordiac 경찰서장, CIC간의 정보가 잘 전달되지 않았고 문제가 있었다.

5. 경찰청에서는 '공동 작전 화면(common operating picture: COP)'을 현장 실무 감독자, CIC(주요 사건 현장 지휘관), 지방청 대테러센터(Division Emergency Operations Centre: DEOC), 경찰청 상황실(National Operations Centre: NCO)가 동시적으로 모니터링할 수 있는 시스템을 만들어야 한다.

6. 각 지방청은 유사한 사건에 대비하여 경찰력의 입구/출구와 주요 교통로를 확보하는 정책이나 포르토콜을 마련해야 한다.

7. 경찰특공대(ERT) 경찰관들은 숙련도를 유지하기 위해 '연례 야간 훈련'을 항공경찰대와 함께 실시하는 것을 권장한다. 무장전술 차량에는 적외선 탐지기를 부착하여야 한다.

8. 경찰항공대가 활용되는 대규모 사건에서는 적절한 훈련을 받은 항공대 경찰관이 '지휘소(Command Post)'에 위치, 항공지원 연락관으로 근무하도록 할 것을 권한다.

9. 순찰 경찰관이 소총(rifle)을 사용할 자격이 있을 때에는 그 경찰관은 근무중 그 무기를 경찰차량 안에 가지고 있도록 규정을 개정해야 한다. 이는 당시 장총이 경찰서 내에 있어 대응 현장에서 이를 사용하지 못했기 때문이다.

10. 총기는 충분한 탄약과 함께 있어야 한다.

11. 모든 경찰관은 방탄복의 적절한 사용과 착용에 대한 교육을 받아야 한다. 이번에 초기 대응자 중 방탄복을 착용한 제복 경찰관은 없었다. 그들은 경찰서로 방탄복을 가지러 갈 시간도 없었다. 기존 규정은 경찰관이 위험을 평가하고 방탄복 착용을 결정하는 것은 개인의 재량에 맡겨졌으며, 누가 방탄복을 착용해야 하는지에 대한 규정도 없었다.

12. 경찰관들은 현장에서 사용하는 총기의 사거리, 정확도 등에 대한 기능

을 숙지해야 하고, 그 총기를 사용하는데 숙련도가 있어야 한다. 경찰 관들이 가지고 있던 shot gun(산탄 엽총)은 유효사거리가 25미터이고, 25미터를 넘어서는 경우에는 산탄들이 넓게 퍼진다. 범인이 가지고 있던 rifle(소총)의 유효사거리에 비해 현장 초기 대응자들의 총기 유효 사거리가 짧았다. 총기 테스트는 육체 능력과 전술적 이동을 포함하여 야 하고, 시나리오 바탕의 실습, 이동중 훈련, 변화하는 위험 평가와 같이 되어야 한다. 총기의 성능과 성능을 넘어서는 부분도 포함해야 한다.

13. 고위험 사건을 처리하는 동안에 감독자는 장비 사용에 대한 분명한 지침을 주어야 한다.

14. 모든 경찰관이 사용할 수 있는 '무전기 사용 가이드' 정책을 만들어야 한다. 무장 전술 차량에 적외선 조명을 부착하여야 한다. 긴급한 상황 에 무전음어 대신 평어를 쓸 수 있게 '디지털 무전 시스템'을 정비하여 야 한다.

15. 경찰서 상황실에 능력있는 중간 간부를 배치하여 중요 사건을 조정하 고, 신고 접수자와 지령자에게 직접적인 조언을 할 수 있도록 해야 한다. 이 사건 초기 지령실 직원들이 아주 유능하게 처리했지만, 사건 초기 4시간 동안 정보의 양과 업무 강도는 생각할 수 있는 수준 이상 이었다.

16. 경찰특공대(ERT)에게 항공 관측과 여타 관측소들의 정보 등을 제공할 다른 경찰관들의 연락처가 있는 'Quick reference guide(관계자 연락 처)'를 제공해야 한다.

17. 급박한 상황에서 경찰관들이 평범한 언어로 무전을 사용할 수 있도록 규정을 개정하여야 한다.

18. 이런 유형의 사건에서는 작전 상황에 대한 뉴스 브리핑을 작전 상황을 잘 아는 '경찰 대변인'이 해야 한다.

19. 담당 경찰관을 지정해 적절한 소셜 미디어 모니터를 해야 한다. 이들 에게 효율적을 업무를 수행할 수 있도록 휴대용 장비를 지급해야 한다.

20. 순직 경찰관 장례식을 원활히 하기 위해 담당 경찰관은 관련 연락처를 가지고 있어야 하며, 적절한 기록을 위해 전문성 있는 사진 작가가 있어야 한다.

21. 유가족들과 언론 사이에서 범퍼 역할을 하는 의사소통 지원을 하여야 한다. 또한 가족들에게 경찰청 웹사이트에서 메시지와 사진을 게시할 수 있는 접근 권한을 주어야 한다.

22. 지방경찰청들이 실시간 SNS 모니터링 접근토록하여 작전과정의 위험을 파악하고 의사소통 전략을 알리도록 하여야 한다.

23. 경찰관들이 연습을 위해 실탄을 쉽게 확보할 수 있도록 시스템을 개선해야 하며, 경찰관들이 사격 숙련도를 높이는 것을 제약하는 것이 없어야 하며 적절한 통제가 되도록 정책들을 개선해야 한다.

24. 경찰청은 정실질환을 가진 젊은 사람들에 대한 지원을 확대해야 한다.

25. 사후 치유와 관련하여 직장생활에 바로 돌아 올 수 없는 경찰관들을 영향을 미칠 수 있는 정보로부터 보호하는 것을 염두에 두어야 한다. 트라우마 있는 사고 후 직장 생활에 복귀하기 전에 정신과 의사의 진료를 받는 것을 권한다.

26. 경찰관의 사망 후, 가족들이 처리해야 할 많은 양의 서류작업과 절차들이 있다. 연락관이 가족을 지원하여 필요한 서류작업을 대신하는 것을 권한다.

27. 경찰청은 즉시 순찰 경찰관들에게 카빈 소총(Carbine)을 배치하기를 권한다. 이 계획은 경찰 교육 시설의 보강을 포함하여야 한다. 사건 전 수년 동안 많은 사례에서 범인들은 총기를 사용하였는데 경찰의 총기 화력과는 많은 차이가 벌어졌다. 중무장한 범인들에 대응하기 위해 현장 초기 대응 경찰관들에게 장총을 보급해야 한다는 건의도 수년간 많이 있었다. 전국 순찰요원들에게 Carbine 보급과 총기 훈련을 촉구한다. Carbine은 기존 권총과 샷건보다 유효사거리가 멀고 정확도가 높다. 사고 당시 경찰관들이 범인보다 화력에서 열세였다고 밝혔다. "순찰요원들이 Carbine을 사용할 수 있었다면, 이 사고에 긍

정적인 변화가 있었을 것"이라고 이야기 하였다. 범인 보크는 장총을 가지고 100미터 거리에서 사격을 실시하였다.

맥닐 보고서는 "현대의 치안환경은 끊임없이 변하고, 우리는 그에 맞춰 대응해야 한다"고 강조하였다. 이 보고서는 장비, 교육, 무전통신, 지휘, 기술 등 모든 부분을 언급하였다. 이후 RCMP(연방경찰)에서는 맥닐 보고서의 모든 건의 내용을 수용하였다.

3. 여론 및 언론보도[19]

사고 미망인들은 "처음에 은퇴한 사람이 조사한다 하여 의구심이 있었다. 그러나 이 보고서는 경찰관들의 안전에 실용적이며 가능한 한 빨리 시행되어야 한다"고 환영하였으며 캐나다 내 많은 언론들이 이 결과보고서 발표 내용을 사실 위주로 그대로 전달하였다.

이후 순찰 경찰관들을 포함하여 모든 경찰관들이 순차적으로 카빈 소총 훈련을 받고 있으며, 훈련을 마친 경찰관 순으로 예산 범위 내에서 순찰 차량 내에 카빈 소총을 휴대하고 근무하고 있다.[20]

맥닐은 언론 보도를 통해 "사고를 검토하면서 보이지 않는 도전이 있었다. 제한된 시간 때문에 추가로 탐구해야 할 이슈들의 깊이 있는 연구에 한계가 있었다"고 평가하였다.

경찰관 총격 살인범 '보크'(당시 24세)는 1급살인죄와 살인미수죄로 유죄를 선고받고 75세까지 가석방 없이 징역에 처했으며 이는 캐나다 역사상 가장 긴 징역형이었다.

---

19) MacNeil 보고서 발표 당시 많은 캐나다 언론에서 동 위원회의 발표 내용을 사실대로 보도하고, 유족들의 반응도 보도하였다.

20) 저자는 2015. 10월 Coquitlam RCMP(연방경찰서)에서 현장체험(Ride along)을 하면서 맥닐 보고서 시행 초기임에도, 순찰 차량 내에 카빈 소총이 보급되고 있는 것을 볼 수 있었다.

4. 개인 의견

현대 사회에서는 캐나다뿐 아니라 세계 어디든 정신질환으로 인한 고위험 행동 유발 잠재 요소를 지닌 사람들이 많이 있으며, 이들의 정신적 결함은 기술의 발달과 결합되어 우리 사회에 커다란 위험을 초래하는 경우가 많이 발생하고 있다.

경찰은 시민들의 인권을 보장하면서 사회의 위험에 대응하는 책임을 고스란히 부담하고 있으며, 위험을 사전에 탐지하고 대응하기 위해 기존의 전통적인 방법과 IT시대에 적절한 방법으로 많은 노력을 기울이고 있으나 쉽지 않는 것 또한 전 세계 공통의 사실이다.

우리 사회에서 이러한 유사 사례의 재발 예방과 사회의 안전을 지키는 경찰관들의 안전을 위해 MacNeil 조사위원회의 보고서는 깊이 참고할 만한 자료가 될 것으로 보이며, 커다란 사회 문제가 발생하였을 때 MacNeil 위원회처럼 독립조사위원회를 통해 합리적이고 효과적인 해결책을 찾는 노력이 필요하다고 여겨진다.

5 절 실종자 조사위원회, 법률, 수사 매뉴얼

1. Missing Women Commission of Inquiry(실종여성 조사위원회)

(1) 개요

캐나다 BC주에서 1997년부터 2002년대 초까지 수십 명의 여성이 실종되었으나 이들에 대한 수색이나 수사가 적절히 이루어지지 않았다. 이후 경찰은 Pickton이라는 백인 남성 용의자를 수사, 2002년 기소하여 6명의 여성에 대한 살인죄로 무기징역이 선고된 사건이 있었다.

이후 캐나다 사회에서는 실종자에 대한 수사 인력 부족, 수사기관 내 상사 설득의 어려움, 법령의 미비 등이 논의되어 BC주 정부는 2010년 독립조사위원회인 'The Missing Women Commission of Inquiry(실종여성조사위원회)'를 발족하여 은퇴한 판사이자 법무부장관 출신인 Wally Oppal을 위원장으로 선임하고 밴쿠버경찰 간부, 연방경찰 간부, 경찰노조 관계자, 법무부관계자들로 위원으로 선임하여 3년 동안 이 사건을 조사하였다.

동 위원회의 결과보고서 제출 후 BC주에서는 향후 실종사건에 대한 효율적인 수사를 위해 2014년 3월 Missing Persons Act(실종자법)을 제정하였다.

(2) 연쇄 살인범 Robert Pickton 사건

Pickton은 캐나다 BC주 광역 밴쿠버에서 '돼지 사육농장'을 운영하면서 범행을 자행하였는데 1997년 1월 - 2002년 5월까지 광역 밴쿠버에서 26명의 여성을 연쇄 살인한 혐의로 경찰의 수사를 받았고, 2002년 기소되었고, 2007년 6명의 여성에 대한 살인죄로 무기징역(25년 간 가석방 금지) 선고되었다.

법원에서는 '물질적 증거'가 확연한 6건과 20건을 구분하여 심리하였는데 이는 배심 기간이 2년으로 모두를 한 번에 심리하기에는 너무 재판의 물적 대상이 많았기 때문이다. 그 외 20명의 여성에 대해서는 검찰에서 2010년 Stay Charge(기소중지) 결정하였다.

Pickton은 교도소 내에서 undercover(비밀잠복경찰관) 경찰관에게 '49명을 죽였다. 짝수를 맞추기 위해 50명을 죽이려 하였는데 부주의해서 잡혔다'고 자백하였다.

이 사건 재판과정에서 경찰에 오랜 기간 여러 번의 실종 신고가 접수되었고, 경찰이 Pickton의 농장을 압수수색하기도 하고, 'Pickton이 실종여성에 대해 수사를 받아야 한다'는 첩보가 입수되었음에도 경찰에서 DNA 검사가 이루어지지 않았고, 관련 수사에 인력 확보와 조직 내 상사 설득이 어려웠던 점 등이 재판 결과 공개되어 사회적인 파장을 일으켰다.

(3) The Missing Women Commission of Inquiry(실종여성조사 위원회) 발족[21]

BC주 총독은 'PUBLIC INQUIRY ACT [SBC 2007]'에 따라 2010년 9월 27일 The Missing Women Commission of Inquiry(실종여성조사위원회)를 발족을 명령하였다.

1) 임무

동 실종여성위원회의 임무는
- 1997년 1월−2002년 2월 간 BC주 전역에서 경찰에 신고된 실종 여성 사건에 대한 경찰 수사활동 사항 사실 조사
- 1998년 1월 검찰에서 Pickton에 대한 살인, 무기 소지 폭행, 구금, 중상해 혐의 등에 대한 사건을 기소중지한 결정 내용 및 과정 사실 조사
- 실종 여성과 의심되는 연쇄 살인사건에 대한 개선사항에 대한 BC주 수사 지침이나 계획서 제안
- 자치경찰이나 연방경찰 등 2개 이상의 경찰조직이 관련된 살인사건에 대해 경찰 수사기관 간 협력을 포함하여 개선사항 제안
- 최종 보고서를 2011년 12월 31일까지 BC주 법무부장관에게 제출해 달라는 것이다.

2) 위원장 및 위원 선임

위원장으로 Wally Oppal 이 선임되었는데 동인은 1981년−2003년 간 판사를 역임하였고, 2005년−2009년 간 BC주 법무부장관을 역임하였다.
위원들로는 밴쿠버 경찰청 고위간부, 연방경찰 고위간부, 경찰노조, 연방법무부 관계자들이 참여하였다.

---

21) http://www.missingwomeninquiry.ca/obtain−report/ 여기에서 정리한 것은 동 실종여성조사위원회의 보고서를 요약한 내용이다.

3) 위원회 활동 사항

동 Missing Women Commisssion은 2010년 9월－ 2013년 8월(3년) 간 활동하였으며 이들은 포럼 개최, 교수·의사·경찰 수사관·경찰 고위 간부·피해자 가족·목격자 등 많은 사람들과 수십여 회의 청문회를 개최하였다.

동 위원회에서는 실종 및 살해 여성에 대한 수사 실패 원인, 경찰의 실패(빈약한 자료 수집과 추적 등), 법집행기관 간 실패와 비효율, 차별과 구조적 편견, 정치권과 시민들의 무관심, 지휘체계 미흡, 낡은 경찰체계, 경찰 조직 내 칸막이, 부적절한 인적·물적 자원, 경찰문화 등을 문제점으로 확인하였다.

동 위원회에서는 중간중간에 미디어를 통해 위원장의 입장, '함께 서서 미래로 나아가자'는 기고문, '미래를 만드는데 간격을 연결하자'는 기고문, 실종여성과 살해 여성 가족들의 메시지, 경찰조직과 구조에 대한 검토, 여성에 대한 폭력의 중단 등을 강조하였다.

4) 위원회의 제언

동 위원회에서는 최종 결과 보고서에서 경찰 임무의 재구성, 기소 지침 개선, 취약한 목격자의 참여 활성화, 경찰 교육과 기율의 필요성, 경찰과 지역사회간 관계 변화, 경찰수사력 강화 등을 제안하였다.

또한 경찰의 수사 편의성 증진, 여러 수사기관 간 협력 증진, 경찰의 책임성 강화, 정책 개선 등을 제언하였다.

이에 따른 결과로 2014년 3월 BC주에서는 'Missing Persons Act(실종자수사법)'를 제정하였으며 2016년 9월에는 관련 'BC Police Standards(BC주 경찰표준안)'를 개정하였다.

2. Missing Persons Act(실종자수사법) 제정 및 주요 내용

실종여성조사위원회 보고서가 주 정부에 제출된 후 BC주 의회는 2014년 3월 동 법률을 제정하였으며 기록접근 명령 신청, 수색, 기록에 대한 긴급 요구, 명령 준수 의무, 위반시 처벌 조항 등을 규정하고 있다.

Missing Persons Act(실종자수사법)의 주요 내용은 다음과 같다.

◆ 경찰관의 법관에 영장청구와 긴급 요구 ◆

- 동법 2조 : 경찰관은 실종자 수사를 할 때 법관에게 기록에 대한 접근 영장을 청구할 수 있으며 기록물에 대한 긴급 요구를 할 수 있다. 이 때 영장 요청자는 해당 실종 사건을 수사하는 경찰관으로서 그 경찰관 은 법관에게 직접 청구한다. 수사 경찰관이 청구하는 영장은 기록물 접근 영장과 수색 영장[22] 등이 있다.

- 동 법 9조 : 영장에 특정되어야 할 접근 기록물은 contact 정보, 신원확 인 정보(육체적 묘사와 특징점), 무선신호·핸드폰 기록·문자 메시지를 포함한 전자통신기록, 인터넷 검색기록, 위치추적기록, 사진, 학교·대 학·연구소 기록, 여행기록, 숙박기록, 고용정보, 건강정보, 금융정보, 법관이 적절하다 생각하는 기록이다.
- 경찰관은 그 기록물이 실종자 수색에 도움이 되고, 그 기록물이 피요청 자의 소지나 통제 하에 있다고 믿을 만한 합리적인 근거가 있을 때 9조에 규정된 기록물 접근 영장을 신청할 수 있다. 법관은 이를 믿을 만한 합리적인 근거가 충족될 때 영장을 발급할 수 있다. 그리고 법관 은 영장에 기록된 그 기록물에 대해 적절하다고 여겨지는 접근 제한, 조건, 기한 등을 정할 수 있다.

◆ 제3자 기록물 접근영장 ◆

- 동 법 7조 : 실종자가 미성년자이거나 취약자인 경우,[23] 경찰관은 제3 자가 가지고 있는 기록물에 대한 접근영장 청구 전에 그 기록을 가진

---

22) 동 법 11조와 12조에서는 수색 영장에 대해 규정하고 있다.
23) 취약자는 Patients Property Act, Representation Agreement Act, Adult Guardianship Act에 정 의된 자들을 말한다.

사람으로부터 동의를 얻기 위한 합리적인 노력을 해야 한다.

경찰관은 제3자의 동 법 9조에 규정된 기록물에 대한 접근영장을 실종자가 3자의 회사 내에 있을 수 있거나 3자의 회사 내에서 마지막으로 보였을 때, 그 기록물이 3자의 소지나 통제하에 있을 때 신청할 수 있다.

◆ 기록물 접근 영장과 3자 기록물 접근영장 발부 대상자의 의무 ◆

− 동 법 8조 : 해당 기록물을 가진 사람은 영장에 기록된 대로 따를 의무가 있고 경찰관에게 기록물을 접근할 권리를 제공하여야 하며, 기록물을 찾을 수 없을 때는 경찰관에게 자신들이 기록물 확인을 위해 노력한 바를 설명해야 한다. 동 의무를 위반한 경우에 개인인 경우에는 1만달러 이하, 회사인 경우에는 25,000달러 이하의 벌금에 처하며, 위반이 1일을 넘어 계속될 경우에 위반일수에 따라 분리되어 부과된다.

◆ 수색 ◆

− 동 법 11조 : 실종자가 미성년자이거나 취약한 사람일 경우, 경찰관은 실종자가 거기에 있을 수 있다는 합리적인 근거로 믿는 경우에 실종자 수색을 위해 법관에게 필요한 경우 강제력을 행사하여 개인의 거주지나 건조물 또는 토지에 들어가 수색할 수 있는 영장을 청구할 수 있다. 실종자가 위험에 처하여 있을 때[24])에는 경찰관은 수색 영장을 신청할 수 있고, 법관은 그 영장을 발부할 수 있다.

◆ 긴급 기록 접근 요구 ◆

− 동 법 제 13조 : 수사경찰관은 긴급 기록 접근 요구를 할 수 있는데 (1) 경찰관은 다음과 같이 믿을 만한 합리적인 근거가 있을 때 기록물

---

24) 동 법에서 '위험에 처한 사람'이란 규정에 따라 위험한 상황에 있는 것으로 평가된 사람을 의미한다. 동 법에서는 주 총독은 '위험에 처한 사람'의 정의와 관련하여 평가 절차, 요구사항 그리고 누가 그 평가를 할 것인지 등에 대해 제한 없이 규정을 만들 수 있다고 권한을 주 총독에게 위임하고 있다.

에 접근을 위해 15조에 규정된 긴급 요구를 할 수 있다.

① 6조에 규정된 명령을 신청할 시간에 ⓐ 실종자의 신체에 심각
한 해나 죽음을 가져오거나 ⓑ 기록물의 파괴를 가져오거나

② 그 기록물이 경찰이 실종자를 찾는데 도울 수 있고

③ 그 기록물이 그 사람의 소유나 통제하에 있을 때

(2) 이 조항에 의해 긴급 기록 접근 요구를 한 경찰관은 가능한 빠른
시간 내에 긴급 요구가 이루어진 이유를 설명하면서 규정된 양식과
절차에 의해 경찰책임자에게 제출하여야 한다.

(3) 이 조항에서 '경찰책임자(Officer in charge)'란

① 동 법 1조에 규정된 도 경찰의 정의와 관련된 것으로서, 경찰법
(Police Act)에서 정의된 지방경찰청장이나 지방경찰청장에 의해
지명된 자

② 동 법 1조에 규정된 자치경찰의 정의와 관련된 것으로서, 경찰
법에 정의된 경찰청장(chief constable)이나 경찰청장에 의해 지명
된 자

③ 동 법 1조에 규정된 경찰조직의 정의와 관련된 것으로서, 고위
경찰관 또는 그에 의해 지명된 자를 의미한다.

이어 16조에서는 긴급 기록 접근을 요구받은 자가 이를 준수하지 않는
경우, 경찰관은 그 사람에게 그 요구를 준수할 것을 요구하는 영장을 청구
할 수 있으며, 법관은 그렇게 믿을 합리적인 근거가 충족된 경우, 그 영장
을 발급할 수 있음을 규정하고 있다. 16조에 의해 영장이 발부된 사람은
영장에 지정된 시간 내에 그 정한 기록물에 대한 접근을 허용하여야 하며,
만약 그 요구에 정해진 기록물을 찾을 수 없을 때에는 경찰관에게 그 기록
물을 찾는 노력을 한 사람이 만든 기술서를 제공하여야 한다.

이를 위반한 자에게는 동 법 8조(3자 기록물 접근 제공 의무)를 위반한
사람과 동일한 벌금형이 부과된다.

◆ 경찰의 긴급 기록 요구 연례 보고서 ◆

경찰은 매년 경찰이 실시한 긴급 기록 요구와 관련된 연례 보고서를 매년 초 만들어야 한다. 이 보고서에는 긴급 요구가 이루어진 실종자 수사 건수, 긴급 요구를 받은 사람의 총 수 그리고 지정된 정보를 포함하여야 한다.

경찰은 이 연례 보고서를 장관이나 장관에 의해 지정된 사람에게 지정된 양식으로 제출하여야 한다. 그리고 장관은 연례 보고서를 공중에 발표하여야 한다.

3. BC주 실종 현황과 경찰의 정책

BC주의 인구구 약 470만 명인데 1년에 약 22,000건, 근무일 평균 40−50건의 실종신고가 접수되며 2017년 3월 현재 2,200건이 미제 사건으로 남아 있다. 신고가 많은 이유는 '캐나다인은 신고정신이 높아 아이가 학교에서 안 돌아왔다든지, 비행청소년이 안 보인다든지 하는 경우 모두 신고하기 때문'이다.

미제 사건 2,200건 중 1년 초과가 2,000여 건이고, 1년 미만이 200여 건이다. 실종 사건은 신고 접수 후 7일 이내 종결되는 것이 98%이다.

일선 경찰서 순찰팀(General Duty: GD)은 신고 접수 시 바로 수사를 시작하지만, 실종전문수사팀은 7일 이후부터 기록을 유지하며 수사를 진행한다. 실종 30일 이후에는 실종자의 DNA를 수집하고, 치과 진료 내용 등을 확보하는 등 지침에 따라 수사를 진행한다.

RCMP(연방경찰)는 2016년 하반기 실종자 수사에 대한 내부 지침격인 Standard가 제정된 이후, 2017년 초 BC주 내 경찰서를 방문하여 서장, 과장, 팀장 등 간부들을 대상으로 법률 개정 내용과 Standard 내용을 교육하고 있다.[25] 또한 BC주 Chilliwack에 있는 경찰교육기관에서 경찰관들을 대상으로도 관련 법령 및 실무를 교육하고 있다.

---

25) 예를 들어 '실종신고 접수 후 7일 이내에 경찰서장에게 보고해야 한다'는 것들이다.

4. 실종신고 접수 및 수사 매뉴얼

(1) 실종신고 접수 내용[26]

다음 질의 양식은 순찰 경찰관들이 완성해야 한다. 사진들은 즉시 RTOC[27]에 보내져야 한다. 진술들과 사진들의 복사본은 가능한 빨리 'Live Link'에 게시해야 한다.

- 사건 정보 : 날자, 사건번호, 과거 사건번호, 최종 발견 확인
- 신고자 정보 : 이름, 주소, 휴대폰, 집 전화 번호, 직장 전화, 실종자와 관계, 인터뷰나 서류 접수 여부
- 실종자 정보 : 이름, 별명, 생년월일, 성별, 주소, 전화번호, 전화기 형태(제조사, 모델명), 직장 주소(전화번호, 매니저), 학교 정보(주소, 접촉자)
- 실종자 묘사 : 키, 몸무게, 눈, 두발 색상, 두발 형태, 체형, 흉터, 문신, 사진 확보 여부, 장신구
- 차량 정보 : 연식, 제조사, 모델, 번호판, 소유자
- 실종자의 복장 : 셔츠, 바지, 자켓, 모자, 안경, 신발, 지갑, 가방
- 의료/치과 정보 : 정신상태, 육체상태/장애, 이동보조수단, 알츠하이머, 치매
- 행동/특성 : 과거 실종 여부, 성격(외향적, 내향적, 외톨이, 호전적), 음주, 마약, 취미, 법률 문제, 개인 문제, 모르는 사람의 차량 승차, 종교와 신념
- 대인 관계 : 이름, 주소, 전화번호, 관계 기간, 가정 폭력, 피난처 거주,
- 최종 발견 지점 : 날짜, 시간, 장소, 방법(전화, 대면), 누구와(이름, 주소, 전화번호), 화면
- 은행 정보 : 은행명, 지점 위치, 계좌 번호, 신용카드 번호 등
- 전자기기 : 가지고 있는 전자기기 여부, 우선적 통신 기기(문자, 페이스북, 와츠 앱-SNS, 등), 컴퓨터, 태블릿, 스마트폰, 유저 네임, 비밀 번호,

---

26) 캐나다 Alberta주 Calgary Police Service(캘거리 경찰청)의 Missing Person Questionnaire(실종자 설문 양식) 양식 내용이다.
27) RTOC(Real Time Operation Centre)로서 우리의 경찰서 상황실 격이다.

온라인으로 하는 앱이나 게임
- 아동/알츠하이머/파킨슨스/치매/취약자 : 과거 배회 여부(장소, 실종 시 행동), 과거 주소와 선호 장소, 어둠을 무서워하는지, 동물 선호/기피, 성인에 대한 반응, 낯선 사람에 대한 반응, '안전감을 느끼는 말'이 있는지(경찰이 발견 시 활용), 무서움을 느낄 때 반응, 다쳤을 때 반응, 실종되었을 때 반응

캐나다 경찰은 실종신고를 접수할 때 위와 같은 내용을 신고자에게 직접 질문하거나, 이메일로 관련 양식을 보내 작성하여 주도록 요청한다.

(2) 실종신고 수사 시 착안 사항들

경찰의 실종신고 수사 시 착안 사항들을 자체 수사 체크리스트 양식을 활용하는데 아래는 그러한 사항들이다.

- 구금 여부 확인
  - 실종자의 구금 여부를 확인하기 위해서는 경찰의 전산 데이터 베이스를 확인한다. 캐나다 경찰은 이를 위해 PIMS(Police Information Management System, 경찰정보관리시스템), CPIC(Canada Police Information center, 캐나다 전 경찰이 공유하는 자료 데이터 베이스), REMAND(구금시설, 교도소 등 자료), 보석 여부 등 확인
- 수사 고려 사항
  - 휴대폰 위치 조회(Cell Phone PING) : 휴대전화 위치 추적을 위해서 RTOC를 접촉했는지?
    Real Time Operation Center는 치안정보 분석업무를 하는 센터로서 관련 정보를 실무팀에 전파한다.
  - 병원 확인 : 전화로 병원을 확인했는지? 만약 했다면 결과는/ 안했으면 그 이유는, 경찰이 직접 사진 등을 가지고 대면하여 확인했는지?
  - 버스나 지하철 등 대중교통을 담당하는 Transit Security에 전파하거

나 사진을 건넸는지

- 수색시 착안 사항
  - 건조물 수색 동의 여부 : 최종 발견 장소의 소유자가 주거, 차량, 빌딩 수색에 동의하는지
  - 시신 수색견(Police dog) 동의 여부 : 최종 발견 장소의 소유자가 시신 수색견의 수색에 동의하는지?
  - 400미터 수색 여부 : 최종 발견 장소로부터 400미터를 중첩해서 수색을 완료했는지?
- 언론에 자료 발표
  - 언론에 자료 발표는 모든 수사가 다 진행되었음에도 심각한 의료상황, 아동, 범죄의심 상황 고위험 사건으로 판단되는 경우에만 고려한다. 언론 발표는 반드시 실종수사팀 책임자의 허가를 받아야 한다.[28]
- 사이버 수사팀의 참여
  - 실종자가 온라인에서 발견되고 전자기기로 접촉이 되는 경우에 사이버 수사팀도 수사에 참여한다.
- 일반적 조사 사항
  - 대중교통, 경찰전산망, 수감자 데이터, 장거리 버스(Greyhound), 택시, 공항, CCTV, 이웃 조사, 친구와 가족, 과거 발견 장소, 대형 상가, 학교, 공가와 폐가 빌딩, Social Service(사회구호단체)

(3) 사건 인계 관련, 담당자 필수 조치 사항

- 실종자가 발견될 때까지는 담당자에게 사건은 계속 유지된다.
- 근무 교대 전에 '실종자 보고서'를 접수·수사 양식에 따라 업데이트해야 하며 사진을 포함하여 전산에 등록해야 한다.
- 근무교대 전에 GD팀장을 접촉(유선 또는 무선)하여 접수·수사 양식이 끝나지 않은 경우, '수사 계속을 위한 재할당'을 확인하여야 한다. 그리

---

28) 캘거리경찰청의 동 실종사 수사 양식에 있는 내용이다.

고 GD팀장에게 관련 양식을 전달해야 한다.
- 실종신고 수사 임무 해제를 행한 상사의 이름, 시간을 자신의 근무기록
에 기록해야 함.

(4) GD팀장, 실종수사팀장, 형사계장, 112상황실 확인 사항

- GD팀장(경위 경감급)은 휴대폰 위치조회, 병원 확인, 대중교통 통보,
수색 확인 등 지원
- GD팀장은 접수·수사 양식이 끝나지 않은 경우, 후임 교대자에게 재할
당 여부 확인
- GD 팀장은 범죄의심, 아동, 심각한 의료상태인 실종자, 가정폭력과
관련된 사건인 경우에는 '실종자 수사팀'의 팀장/ 또는 형사계장(GI
U[29])'을 접촉하여야 함.
- 사건 인수·인계시에는 실종사건 담당 경찰관은 실종자 접수·수사 양
식을 작성한 후 지역경찰 책임자(GD팀장)가 이에 확인 서명을 하고,
후임 담당자가 서명하고, 과장급(경정급, Duty Inspector)이 사건 재배당
을 확인 서명함.
- RTOC(경찰서 상황실격)는 사건이 형사과나 실종자수색팀으로 재배당되
는 경우에는 확인 서명함.
- 실종자 접수·수사 양식이 마무리되었음에도 추가 수사가 필요한 경우,
형사과나 실종수사팀에 재배당을 위해 동 양식·사진과 진술서를
ROTC 사무실 관계자에게 가져다 주어야 함.

5. 캘거리 경찰청 실종신고 접수 및 수사 양식

캘거리 경찰청(Calgary Police Service: CPS)의 실종자 신고 접수와 경찰의
단계별 조치를 이들이 현재 사용하는 양식으로 첨부하였다.

---

29) GIU(General Investigation Unit)은 우리 경찰의 형사팀장급에 해당한다.

Missing Person Questionnaire Part 1
Street Response

CALGARY
POLICE
SERVICE

- **This questionnaire is to be completed by Patrol Officers.**
- **Photos are to be sent to RTOC immediately.**
- **Statements and a copy of the photos are to be placed on Live Link ASAP.**

CASE INFORMATION

DATE: _____

CASE NUMBER: _____

X-REFERENCE NUMBER: _____

OFFICER COMPLETING FORM: _____

REG: _____

CONFIRMATION OF POINT LAST SEEN (CCTV, Witness statement etc.):

_____

COMPLAINANT

NAME: _____

HOME ADDRESS: _____

CELL PHONE: _____ HOME PHONE: _____ WORK PHONE: _____

RELATIONSHIP TO MISSING PERSON: _____

INTERVIEWED AND WRITTEN STATEMENT TAKEN: Yes ◯ No ◯ Details: _____

MISSING PERSON'S DETAILS

NAME: _____

NICKNAME/ALIAS: _____

D.O.B.: _____

GENDER: _____

HOME ADDRESS:

_____

HOME PHONE: _____

CELL PHONE: _____

TYPE OF PHONE (MAKE, MODEL, SERIAL #):

_____

WORK ADDRESS: _____

TELEPHONE: _____

SUPERVISOR: _____

INTERVIEWED AND WRITTEN STATEMENT TAKEN: Yes ◯ No ◯ Details: _____

SCHOOL ADDRESS: _____

TELEPHONE: _____

SCHOOL CONTACT: _____

INTERVIEWED AND WRITTEN STATEMENT TAKEN: Yes ◯ No ◯ Details: _____

Missing Person Questionnaire Part 1
Street Response

CALGARY
POLICE
SERVICE

MISSING PERSON'S DESCRIPTION

HEIGHT:

WEIGHT:

EYES:

HAIR COLOUR:

HAIR STYLE:

BODY BUILD:

FACIAL HAIR:

SCARS/MARKS/TATTOOS:

PHOTO OBTAINED?　◯ Yes　◯ No　　　　　DOES PHOTO NEED TO BE RETURNED?　◯ Yes　◯ No

OVERALL APPEARANCE:

JEWELRY:

VEHICLE INFORMATION

DOES MISSING PERON HAVE ACCESS TO A VEHICLE?　◯ Yes　◯ No

YEAR:　　　　MAKE:　　　　MODEL:

LICENCE PLATE:　　　　OWNER:

OTHER:

Missing Person Questionnaire Part 1
Street Response

CALGARY
POLICE
SERVICE

MISSING PERSON'S CLOTHING

DESCRIPTION	STYLE	COLOUR	SIZE	OTHER
SHIRT/SWEATER				
PANTS				
OUTERWEAR				
HEADWEAR				
COAT/JACKET				
GLASSES				
EXTRA CLOTHING				
FOOTWEAR				
PURSE/BACKPACK / BRIEFCASE/FANNY PACK				
OTHER				

Missing Person Questionnaire Part 1
Street Response

CALGARY
POLICE
SERVICE

MISSING PERSON'S MEDICAL/DENTAL

MEDICAL DOCTOR NAME, ADDRESS AND TELEPHONE NUMBER:

KNOWN MEDICAL CONDITIONS:

MEDICATIONS:

WHAT HAPPENS WHEN OFF MEDICATIONS?

PACEMAKER #:

HEARING AID #:

DENTIST NAME, ADDRESS AND TELEPHONE NUMBER:

CONDITION OF TEETH:

DENTURES:

KNOWN **PSYCHOLOGICAL CONDITIONS**:

MEDICATIONS:

WHAT HAPPENS WHEN OFF MEDICATIONS?

KNOWN **PHYSICAL CONDITIONS/DISABILITIES**:

USE OF MOBILITY AIDS:

IS PERSON REGISTERED WITH ANY AGENCIES (ALZHEIMER'S, MISSING CHILDREN, DEMENTIA)? ○ Yes ○ No

Missing Person Questionnaire Part 1
Street Response

CALGARY POLICE SERVICE

HABITS/PERSONALITY

HAS THE MISSING PERSON BEEN REPORTED MISSING BEFORE? ○ Yes ○ No

IF YES WHEN WERE THEY REPORTED MISSING?

WHERE WERE THEY LOCATED?

PERSONALITY TYPE (OUTGOING, QUIET, GREGARIOUS, LONER, EASY GOING, FIGHTER):

PLACES FREQUENTED (NOSEHILL, RIVERPATHS, COFFEE SHOPS, ETC.):

DOES PERSON SMOKE (BRAND)?

ALCOHOL USE (AMOUNT/TYPE):

RECREATIONAL DRUGS (TYPE/FREQUENCY):

HOBBIES:

LEGAL PROBLEMS:

PERSONAL PROBLEMS:

WOULD PERSON HITCHHIKE OR ACCEPT RIDES FROM UNKNOWN PEOPLE?

WOULD PERSON RESPOND TO SEARCHERS?

RELIGION (FAITH, HOW COMMITTED, PHILOSOPHY):

PERSON CLOSEST TO:

Missing Person Questionnaire Part 1
Street Response

CALGARY
POLICE
SERVICE

RELATIONSHIP STATUS

IS PERSON CURRENTLY IN A RELATIONSHIP? ○ Yes ○ No

NAME, HOME ADDRESS, TEL (BOTH HOME AND WORK) OF PERSON IN RELATIONSHIP WITH:

LENGTH OF RELATIONSHIP:

ANY DOMESTIC VIOLENCE:

DOMESTIC VIOLENCE IN ANY PAST RELATIONSHIPS:

HAS PERSON EVER BEEN IN A SHELTER? ○ Yes ○ No

IF YES, WHICH ONE AND HOW LONG AGO?

POINT LAST SEEN/KNOWN TO BE IN CONTACT WITH

DATE:

TIME:

PLACE:

HOW (i.e. VISUAL, TELEPHONE ETC.)?

BY WHOM? (NAME, ADDRESS, TELEPHONE):

VIDEO IN AREA AVAILABLE/COLLECTED?

Missing Person Questionnaire Part 1
Street Response

CALGARY
POLICE
SERVICE

BANKING INFORMATION

BANK NAME:

BRANCH LOCATION:

ACCOUNT NUMBERS:

CREDIT CARD TYPE AND NUMBERS:

ELECTRONIC DEVICES

The Cybercrimes Team should be engaged at the onset of all suspicious Missing Person cases and will respond 24/7.

ARE THERE ANY ELECTRONIC DEVICES PRESENT AND AVAILABLE FOR IMMEDIATE ACCESS TO INVESTIGATORS?

IS THERE INTERNET/WIFI ACCESS AT THE LOCATION THE MISSING PERSON WENT MISSING FROM?

○ Yes ○ No

WHAT IS MISSING PERSONS PRIMARY METHODS/APPS FOR COMMUNICATION (IE TEXT, FACEBOOK, WHATSAPP, BBM, SMS, iMESSAGE?

WHAT ELECTRONIC DEVICES DO THEY HAVE?

- COMPUTER:

- TABLET:

- iPOD:

- SMARTPHONE:

Missing Person Questionnaire Part 1
Street Response

CALGARY
POLICE
SERVICE

DO THEY HAVE AN ONLINE PRESENCE? IF YES WHAT IS HANDLE NAME/USERNAME & PASSWORD.

- TWITTER:

- FACEBOOK:

- INSTAGRAM:

- SNAPCHAT:

- TEXT PLUS:

- TEXT ME:

- YIK YAK:

- WHATSAPP:

- KIK:

- VIBER:

- ANY DATING SITES:

WHAT APPS/GAMES DO THEY PLAY ONLINE OR ON THEIR DEVICES?

IS THERE A WITNESS WILLING TO CONSENT TO AN ACCOUNT TAKEOVER OF THEIR ACCOUNT FOR CPS TO ACCESS ONLINE CONTENT THAT MAY ASSIST WITH LOCATING THE MISSING PERSON?

○ Yes   ○ No

Missing Person Questionnaire Part 1
Street Response

CALGARY
POLICE
SERVICE

<u>**CHILDREN/ALZHEIMER'S/PARKINSON'S/DEMENTIA/VULNERABLE PERSONS**</u>

WANDERED BEFORE? ◯ Yes ◯ No

        IF YES, WHERE LOCATED?

ACTION WHILE LOST:

FORMER RESIDENCE OR FAVORITE PLACES:

AFRAID OF DARK?

AFRAID/LIKES ANIMALS?

FEELINGS TOWARDS ADULTS:

FEELINGS TOWARDS STRANGERS:

DOES THE PERSON HAVE A SAFEWORD POLICE CAN USE TO INDICATE OFFICERS ARE SAFE TO GO WITH?
Yes ◯   No ◯   IF YES, WHAT IS SAFEWORD?

REACTION WHEN SCARED:

REACTION WHEN HURT:

REACTION WHEN LOST:

LIKELY RESPONSE TO SEARCHERS:

Missing Person Questionnaire Part 1
Street Response

CALGARY
POLICE
SERVICE

VULNERABLE PERSON SELF-REGISTRY CHECKED?

○ Yes   ○ No   RESULTS? [_____]

- Consider containment points in cases of children, dementia patients or if the movement of the person may be limited by time or geography due to a medical condition or disability
- Identify High Probability Area/Attractors (e.g. water (rivers, pools etc.) in the case of a person with Autism or sound barrier walls that might stop a person with Alzheimer's

OTHERS WE COULD CONTACT/KNOWN ASSOCIATES (In or out of province contacts)

THOSE WITH INFORMATION WILL BE INTERVIEWED AND WRITTEN STATEMENT TAKEN AND PLACED ON LIVELINK

NAME	ADDRESS	TELEPHONE

CUSTODY STATUS

PIMS CHECKS COMPLETED?   ○ Yes   ○ No

RESULTS:
[_____]

CPIC CHECKED?   ○ Yes   ○ No

RESULTS:
[_____]

CSS CHECKED?   ○ Yes   ○ No

RESULTS:
[_____]

REMAND CHECKED?   ○ Yes   ○ No

RESULTS:
[_____]

IS PERSON ON PROBATION?   ○ Yes   ○ No

NAME, ADDRESS, TEL NUMBER OF PROBATION/PAROLE OFFICER:
[_____]

제4장 캐나다 경찰의 주요 치안정책 129

Missing Person Questionnaire Part 1
Street Response

CALGARY
POLICE
SERVICE

<u>INVESTIGATIVE CONSIDERATIONS TO BE COMPLETED (REFLEX TASKING)</u>

- **BMQ** – Has a 10-22 BMQ been sent out? ○ Yes ○ No
  - BMQ number_____

- **Cell Phone Ping** – Has RTOC been contacted to determine if cell phone ping is applicable? ○ Yes ○ No
  - If yes what are the results/If no explain why not:

- **Hospitals** –
  - **Notification by Phone** - Has Calgary 911 contacted the hospitals to conduct checks? ○ Yes ○ No
    - If yes what are the results/if no explain why not:

  - **Visual Checks** - Have members attended hospital emergency departments with photo and details to check with hospital staff? ○ Yes ○ No
    - If yes what are the results/if no explain why not:

- Has **Calgary Transit Security** been notified/provided a picture? ○ Yes ○ No
  - If yes what are the results/if no explain why not:

- **Searches** –
  - **Consent Search of Property** - Is the owner of the last place seen or owner of MP place of residence willing to consent to a physical search of their residence, property, and vehicles or out buildings? ○ Yes ○ No

  - **Cadaver Dogs** - Is the owner of the last place seen or owner of the MP place of residence willing to consent to CPS running the cadaver dog through the residence, property, vehicles or out buildings? ○ Yes ○ No

  - **400 M Search** - Has a detailed overlapping 400-meter search from place last seen or known to have be (including a comprehensive search of residence, sheds, vehicles etc.) been completed? ○ Yes ○ No

**Missing Person Questionnaire Part 1
Street Response**

- **Media Releases** – Media releases will only be considered in cases of high risk cases (serious medical conditions, children, suspicious cases and when all investigative strategies have been exhausted. Media releases must be approved by supervisor of Missing Persons.

- **Engage Cyber Crimes Team –** If person has online presence and access to electronic devices.

- **General Inquiries** – Transit; CSS; Remand; Greyhound; Shelters; Taxis; Airport; CCTV in area; HAWC flights; Neighborhood Inquiries; Friends & Family; History of Past Found Locations; Malls; Determine Mode of Transport; School Checks; Abandoned /Vacant Buildings; Social Services.

REMEMBER:

- Missing Persons Cases will remain active to the primary investigator until the person is located.

- Prior to going off shift you must update the Missing Person's Report with questionnaire information and place all relative items on Live Link, including photo/notes, etc.

- Prior to going off shift you MUST contact the 01 to ensure the case is reassigned for continued investigation if MPQ1 is not completed. You must provide a copy of the Missing Persons Questionnaire to the 01(hard copy or email).

- You must record in your notes the time, name and Reg # of the supervising officer who relieves you of the missing person investigation.

Missing Person Questionnaire Part 1

Street Response

CALGARY POLICE SERVICE

Incident Commander Tasks To Be Completed

- Assist with Reflex Tasking

- Ensure case is reassigned to next shift car crew if MPQ1 not complete

- Contact Missing Persons Supervisor / or CGIS Staff Sergeant in cases that are considered suspicious, involve children or missing persons with serious medical conditions, or domestic related

---

Confirmation that MP Questionnaire Part 1 has been completed

District Sergeant

Name: _____

Reg: _____

Signature: _____

Date: _____

File reassigned to

Patrol Officer

Name: _____

Reg: _____

Signature: _____

Date: _____

Duty Inspector notified that file has been reassigned

Signature only required from RTOC when file being re-assigned to CGIS or Missing Person Team

RTOC Investigative Coordinator

Name: _____

Reg: _____

Signature: _____

Date: _____

IF PERSON IS STILL MISSING ONCE MPQ1 COMPLETE AND FURTHER INVESTIGATION IS REQUIRED:
TAKE MPQ1, PHOTOS AND STATEMENTS TO RTOC INVESTIGATIVE COORDINATOR FOR RE-ASSIGNMENT TO
CGIS / OR MISSING PERSON TEAM.

6. 제언

　캐나다 정치권과 경찰은 실종자 문제가 사회적으로 큰 파장을 일으키자 그 위험의 중대성을 인식하고 객관적인 위원회를 구성하여 경찰의 신고 접수 단계부터 보고 체계, 부서 간 협력 문제, 경찰조직 간 협력(연방경찰과 자치경찰 간, 자치경찰 상호 간), 검사의 기소 적정성 등 가능한 모든 현안을 오랜 시간에 걸쳐 조사하였다.

　3년에 걸친 '실종여성조사위원회의' 활동 후 경찰 수사의 편의성 증진 등을 포함한 정책적 제도적 제언을 하였고, 이에 따라 의회에서는 '실종자수사법'을 제정하였다. 그리고 경찰은 보다 효율적인 실종자 수사를 위해 앞서 소개한 양식, 매뉴얼, 수사 착안 사항에 따라 실종자 신고를 접수하고 수사하며 내부적인 정보 전달 등을 실시하고 있다.

　중대한 위험을 초래하는 사고는 어느 사회든 발생한다. 사고의 중요성과 긴박성으로 인해 정책 입안자들은 사고 발생 시 즉시 대책을 수립하고 국민들에게 발표해야 한다는 조직 내외적인 압력을 받는다. 그러나 하루 만에 세워진 대책은 기존 정책들을 모은 것에 불과한 경우가 많고 문제의 근원적인 사항을 검토하지 못할 위험성이 있다. 이러한 대책은 실질적 대책이 되지 못하고 오래지 않아 유사한 사고가 인접 지역에서 다시 발생하는 경우를 많이 보았다. 결국 이러한 대책은 대책이 되지 못하는 것이다.

　캐나다가 실종자 연쇄 살인이라는 큰 위험에 당면하였을 때 정치권, 정부, 경찰, 시민들이 단기적 대책을 수립하는데 급급하지 않고 3년에 걸쳐 위원회를 구성하고 결국 제안들을 입법하고, 기준안을 만들고, 매뉴얼을 만들어 경찰 조직을 교육하고 시스템을 바꾼 것은 우리 사회 안전을 위해 참고할 만한 사항이 있어 보인다.

| 6절 | 음주운전 현장 조치(Immediate Roadside Prohibition) |

1. 개요

우리나라에서는 경찰관이 도로상에서 음주운전자를 단속한 경우에 면허 정지/취소의 행정처분을 하고 이와 더불어 형사 절차를 진행한다.

반면에 캐나다 BC주 경찰은 음주운전 의심자에 대해 Criminal Code(형사법)으로 단속하여 형사 절차를 진행할 수도 있으며 단속현장에서 즉시 다양한 운전 금지, 면허 정지, 차량 압류, 금전적 제재 등을 명령할 수 있는 재량권을 가지고 있다.[1]

이는 Motor Vehicle Act(자동차법 또는 도로교통법)에 따라 Immediate Roadside Prohibition(음주운전 현장 조치)로서 이루어진다.[2]

경찰관은 운전자의 호흡테스트 결과 BAC(Blood Alcohol Content, 혈중알코올농도)가 0.05에서 0.08까지이거나 또는 BAC가 0.08 이상이거나 호흡을 거절한 경우에 IRP로서 운전면허 정지, 운전 금지, 차량 압류, 금전적 제제(monetary penalty)를 부과할 수 있다. 그리고 운전면허를 담당하는 ICBC의 총책임자(Superintendent of Motor Vehicles)는 이러한 운전자에게 '운전발전 프로그램(Driver Improvement Program)'에 따라 언제든지 운전을 금지할 수 있다.

IRP에 따라 경찰에서는 음주운전자 형사입건 외에도 차량 압류, 운전정지, 금전벌(Monetary penalty), 치료 프로그램 이수 등으로 처리할 수 있다.

---

1) https://www2.gov.bc.ca/gov/content/transportation/driving−and−cycling/driving−prohibitions− suspensions/prohibitions−and−suspensions BC주 정부 홈페이지에서 IRP 제도를 설명하고 있다.
2) Motor Vehicle Act 215.41조의 Immediate roadside driving prohibition

2. Immediate Roadside Prohibition(단속 현장 금지조치)[3]

경찰관은 도로상에서 언제든지 Criminal Code에 따라 분석을 위해 운전자에게 ASD(Approved Screening Device, 승인측정기)를 이용하여 호흡 샘플을 제출할 것을 요구할 수 있다.[4]

(1) 운전금지문(Notice of Driving Prohibition) 발부

경찰관은 차량을 관리 또는 통제하는 운전자의[5] 음주 상태를 분석한 결과, ASD가 warn[6]이나 fail[7]을 가르키고 운전자의 운전 능력이 알코올로부터 영향을 받은 것으로 믿을 만한 합리적인 근거가 있을 때, 그리고 운전자로부터 유효한 운전면허증이나 다른 정부기관이 발행한 운전허가 문서를 가지고 있을 때, 그 운전면허증과 문서를 회수하고 Motor Vehicle Act 215.42조에 따라 그 운전자에게 'Notice of Driving Prohibition(운전금지문)'을 발행해야 한다. 경찰관이 두 번째 측정 요구를 받았을 경우에는 다른 ASD로 측정하고, 그 결과가 서로 다르다면, 두 결과 중 낮은 것이 유효하다.

(2) 운전면허증 회수

경찰관은 운전자가 혈중알코올이 80밀리그램 이상이 되었거나 합리적인 이유 없이 형사법상에 근거한 분석을 위한 호흡샘플 제출을 거부하는 경우, 운전면허증과 다른 정부기관이 발행한 운전허가 문서를 회수하고 'Notice of Driving Prohibition'을 발행해야 한다.

운전자가 Notice of Dirving Prohibition을 발부받았으나 운전문허증이나

---

3) Motor Vehicle Act 215.41조.
4) 이는 Criminal Code와 Motor Vehicle Act 215.41 3.1항에 모두 근거한다.
5) Motor Vehicle Act 215.41조 1항에서는 운전자란 '자동차가 움직이지 않더라도 도로상에서 자동차를 care 하거나 control하는 사람'을 포함한다.
6) Motrot Vehicle Act 215.41조 2항의 정의에 따라 운전자의 혈액 100밀리리터에 알코올 50밀리그램 이상인 경우를 말한다.
7) 혈액 100밀리리터에 알코올 80밀리그램 이상.

허가증을 소지하지 않을 때에는 그 운전자는 즉시 운전면허증이나 허가증을
ICBC[8])에 제출하여야 한다.

(3) 운전금지문에 금전적 제제 금액 필수적 포함

운전금지문(Notice of Driving Prohibition)은 규정된 양식으로 발급되어야 하
며 다음 사항을 포함하여야 한다. 이 금지문에 포함될 필수 사항은 운전자가
즉시 운전이 금지된 사실, 운전금지 기간, 동 법 215.44에 따라 부과된 금전적
제제(Monetary Penalty)의 액수, 동 금지문이 발급된 후 30일 이내에 금전적 제제
를 납부할 것, 법에 따라 운전금지가 ICBC 총책임자에게 재검토(review)를 받을
권리가 있음을 알리면서 재검토 신청방법이다.

운전자가 동 공지문을 경찰관으로부터 받았을 때, 운전자는 그의 운전면
허증을 경찰관에게 양도하여야 하고, 운전금지는 즉시 시작된다. 운전금지는
상황에 따라 3일부터 90일까지 해당된다. 운전자는 운전금지에 대해 재검토할
필요가 있다고 믿는 경우, Superintendent of Motor Vehicles에게 금지문을
수령 7일 내에 '재검토 과정'을 신청할 수 있다.[9)]

3. IRP의 효력[10)]

(1) 금전적 제제

'운전금지문'을 받은 후 즉시 운전금지 효력은 시작된다. 금지일 계산은
당일 자정부터 시작하여 계산한다. 운전금지문을 받은 운전자는 규정에 따라
액수가 정해진 금전적 제제(Monetary penalty)를, 운전금지문을 수령한 이후 30

---

8) ICBC는 Insurance Corporation of British Columbia으로서 캐나다 BC주에서 운전면허증 발
   급, 자동차 등록, 보험 등을 관리하는 기관이다.
9) https://www2.gov.bc.ca/assets/gov/driving−and−transportation/driving/publications/factsheet−
   immediate−roadside−prohibition.pdf
10) https://www2.gov.bc.ca/gov/content/transportation/driving−and−cycling/driving−prohibitions−
   suspensions/prohibitions−and−suspensions/alcohol−and−drug−related−suspensions

일 내에 납부할 책임이 있다.[11] 금전적 제제는 규정에 정하여진 액수를 초과할 수 없으며 어떠한 경우에도 500달러는 초과하지 않는다.

(2) 차량 강제 압류(Vehicle impoundment)[12]

경찰관이 Motor Vehicle Act에 따라 3일 또는 7일의 운전금지문을 발급하는 경우 그리고 운전자가 운전금지문이 발급될 때 운전하였거나 작동한 그 차량의 운전을 막기 위하여 압류가 필요하다고 믿을 때, 경찰관은 그 차량을 지정된 장소에 압류할 수 있다.

경찰관이 30일이나 90일의 운전금지문을 발급할 때, 그 경찰관은 반드시 지정된 장소에 압류하여야 한다.

(3) 혈액샘플 제공 거부에 대한 처벌

합리적 이유 없이 경찰관의 혈액샘플 요구를 거부하는 자는 Motor Vehicle Act 226조에 따라 범죄를 구성하며 100달러 이상 2,000달러 이하의 벌금형(fine), 또는 7일 이상 6개월 이하의 징역, 또는 벌금과 징역 모두에 처한다.

운전자의 BAC가 0.05~0.08인 경우에
- 첫 번째 단속 시에는
  - 3일간 운전금지
  - 운전면허증 압수
  - 3일간 차량 강제보관 가능. 이는 경찰관 재량으로 현장에서 결정된다.
  - 200달러의 금전적 제제(monetary penalty)

- 5년 이내 두 번째 단속 시에는
  - 7일간 운전금지

---

11) Motor Vehicle Act 215.44조 (1)항.
12) 동 법 215.46조.

- 7일간 차량 강제보관 가능
- 300달러의 금전적 제제

   − 5년내 세 번째 단속 시에는
- 30일간의 운전금지
- 30일간 차량 강제보관
- 400달러 금전적 제제
- 교정 프로그램 잠재적 대상자

   − 운전자가 BAC 0.08 이상으로 실패(Fail) 또는 호흡측정 거부한 경우
- 90일 운전금지
- 경찰관은 운전면허증 압수
- 30일 차량 강제적 보관
- 500달러 금전적 제제
- 의무적 교정 프로 실시

    운전이 금지된 경우, 교육이나 고용 목적이라 하더라도 임시 운전면허증은 발급되지 않는다. 금지 기간 중 운전을 하는 경우, 별도로 기소된다. 운전자가 차량의 소유자이든 아니든, 차량은 즉시 견인되며 모든 견인 비용과 보관 비용은 소유자에게 부과된다.[13]

    이러한 조치에 대체하여 운전자는 ADP(Administrative Driving Prohibition, 운전금지 행정조치) 그리고/또는 형사법(Criminal Code)상 impaired driving(알코올이나 약물 등 영향하에서 운전)[14]으로 형사처벌을 받을 수 있다.

---

13) 'Vehicle Impoundment Program' on our website: www.gov.bc.ca/roadsafetybc
14) Criminal Code 253조에서는 음주 또는/그리고 약물의 영향력하에서 운전하는 경우 처벌한다.

(4) 형사처벌과 비교

캐나다 연방 형사법인 Criminal Code 253조에서는 음주운전죄의 성립에 대해 명시하고 있는데 사람의 작동 능력이 알코올이나 약물에 의해 영향을 받은 상태로 자동차, 선박, 비행기, 철도차량을 작동하는 경우에 형사 범죄를 구성함을 밝히고 있다. 동 형사법을 위반하는 경우에는 형사법 255조의 처벌 조항이 따른다.

형사법으로 처벌받는 경우, 운전자는 법정에 출석해야 하며, 유죄가 선고되는 되는 경우 지정된 다른 처벌이 따른다. 경찰관의 호흡측정 요구 불응, 혈액 제공, 타액, 소변 샘플 제출 거부, 신체 테스트 협조를 거부하는 경우 법원에서는 첫 번째 선고 시에는 1-3년의 운전금지와 최소 1,000달러의 벌금, 두 번째 선고 시에는 2-5년의 운전금지와 최소 30일 간의 징역형, 세 번째 유죄 선고 시에는 최소 3년-영구적으로 운전금지와 최소 120일의 징역형을 선고한다.

캐나다 BC주 Motor Vehicle Act에서 규정하고 있는 IRP는 형사처벌이 아니고 행정적 처벌이어서 전과는 남지 않는다. 단, 운전에 관한 기록은 남는다. 경찰은 도로상에서 단속한 음주운전자에게 형사처벌 절차를 진행할 수 있지만 IRP를 진행하는 경우에는 형사처벌 절차를 진행하지 않는다.[15]

4. IRP 프로그램 도입 당시 논란

2012년 6월 15일 BC주에서 '음주측정거부자 대한 IRP' 개정 법안을 통과하여 경찰관들이 현장에서 IRP(단속현장 조치) 실시가 가능할 때 당시 변호사들을 중심으로 심한 반대가 있었는데 주요 논점은 "이제 경찰이 거리의 판사다. 재판을 받을 기회를 없애고 경찰이 운전면허 정지뿐 아니라 벌금과 같은 의미의 돈까지 부과한다. 과거에는 음주운전자의 차량과 면허증을 1일 정도만 회수하여 긴급한 위험에서 운전자를 보호하는 역할을 하였는데 이제는 이를 넘어 사법절차를 무너뜨리고 있다"고 반발하였다.

15) https://vancouvercriminallaw.com/irp-faq/

이러한 반발이 있음에도 경찰과 BC주 의회에서 동 Motor Vehicle Act를 개정하여 IRP를 추진한 이유는 경찰이 경찰력 부족으로 다른 911신고를 신속히 처리하지 못하는 입장에서도 도로상의 위험 요소인 음주운전 근절을 위해 오랜 시간 동안 많은 경찰력을 도로상에 배치하고, 단속 후에도 10시간 이상 서류 작업을 진행해야 하고, 기소 후에도 수 회에 걸쳐 경찰관이 증인으로 법정에 출석하는 등 막대한 예산과 인력을 투입하여 음주운전 근절을 위해 노력함에도, 음주운전자의 변호인들이 운전자의 채혈결과보다는 절차적인 문제에 집중하여 단속경찰관의 부당한 차량 정지, 운전자에게 부당한 하차 요구, 부당한 채혈 등을 법리 논쟁으로 끌고가 음주운전자에 대한 신속한 처벌도 이루어 지지 않고, 도로상에서 음주운전이 줄지 않고 음주운전의 피해 사상자 숫자는 계속 늘고 있어 이에 대한 대책으로 IRP를 추진한 것이다.

7절 VPD 경찰관의 용모·복장·두발·문신 규정

밴쿠버 경찰청(VPD)은 Regulations and Procedures Manuel(규칙과 절차 매뉴얼)을 통해 경찰관의 복장, 외모, 흡연, 경례 등을 규정하고 있다.[16] 캐나다 경찰관들은 용모 복장 단정을 매우 신경 쓰는데[17] 이는 직업의 전문성과 관련되는 상징이기에 신임 경찰관 교육 때부터 중요한 항목으로 여긴다.

---

16) Vancouver Police Department Regulations and Procedures Manual 5.4에서 관련 부분을 요약하여 이 부분에서 설명한다.
17) 저자가 만난 캐나다 경찰들은 모두 두발이 단정하였다. 이들은 2-4주 정도에 이발을 단정하게 하였다.

1. 두발, 수염, 화장품, 장신구

(1) 취지

모든 경찰관이 전문성 있는 이미지를 나타내는 것은 매우 중요하다. 이러한 목적을 위해 VPD는 현 사회 현상에 따라 기준을 적용한다. 이 기준은 성별 차이를 인정하면서 경찰관의 안전과 제복 이미지를 증진하고 발전시키기 위한 것이다.

(2) 지침

1) 제복 근무

가) 남성 경찰관
- 두발은 귀의 대부분을 노출하고, 옷 깃을 넘지 않으며 일반적인 두상 형태를 따라 이발되어야 한다. 두발은 뒤, 옆, 귀 위로 정리되어야 한다. 두발 염색 색상은 conservative해야 한다.[18]
- 옆 머리는 귀볼 아래로 내려와서는 안 됨[19]
- 수염은 다음 조건을 따라 면도하여야 함
  • 턱수염(beard)/염소수염(goatee)은 근무 외(휴가 휴직 등) 또는 사복근무로 지정되었을 때 기를 수 있음
  • 턱수염/염소수염은 콧수염과 함께 길러야 함[20]
  • 턱수염/염소수염은 2.5cm 이하여야 함
  • 근무로 복귀하거나 사복근무로부터 복귀할 때 경찰관은 상사에게 가

---

18) 두상 형태를 따른다 함은 폭탄 머리 같은 두상 형태와 다른 헤어스타일을 금하는 것임. Conservative한 색상이란 전통과 관습에 맞는 색상을 의미하며 녹색, 분홍, 빨강, 파랑색 등의 염색을 금하는 것이며 백인, 유색인들의 일상적인 머리 색깔은 허용된다.
19) 신임 경찰관 교육 시 교관들은 교육생들에게 2주 마다 이발을 할 것과, 옷을 다려 입을 것을 교육한다. 교관들은 용모 복장은 professional한 태도와 이미지에 중요한 영향을 미친다고 설명한다.
20) 서구에서는 턱수염/염소수염만 기를 경우에는 혐오감을 주는 문화 때문이다.

서 검사를 받아야 한다.
- 근무중 호흡기와 마스크를 착용하는 경찰관은 '직장보상위원회'의 규정에 따라 깨끗이 면도해야 한다.
- 근무 조건에 따라 수염은 경찰장비를 착용할 수 있도록 변경되어야 함.
- 콧수염은 단정히 정리되어 있고 입 가장자리에서 2cm 이하면 기를 수 있음.
- 남성 경찰관은 다음의 장신구를 착용할 수 있음.
  - 손목시계 1개
  - 최대한 2개의 결혼/약혼반지와 다른 반지. 반지는 상해를 야기할 수 있는 돌출이 없어야 함.
  - 최대한 2개(한 귀에 한 개)의 평이한 stud type(연결고리가 없는 형태)의 금 또는 은 귀거리
  - 의료용 경보 팔찌

나) 여성 경찰관

- 여성 경찰관의 두발은 일반적인 두상 형태를 따라 정리되어야 하고 셔츠 깃의 아래 부분 이하로 내려가면 안 된다. 규정된 길이보다 긴 두발은 안전한 방법으로 처리되어야 한다. 핀 등 두발의 안전을 위한 물품은 검정색 또는 진청색이어야 한다. 염색은 conservative한 색상이어야 한다.
- 셔츠 깃 아래 부분보다 긴 두발은 ponytail(묶은 머리)로 관리할 수 있다. 그러나 ponytail 두발은 어깨 윗선을 넘으면 안 되고 머리의 아랫부분(1/2)에 묶어야 함.
- 경찰관의 두발 길이는 업무수행중 위험을 초래해서는 안 되며, 경찰장구 사용 시 방해가 되어서는 안 된다. Pony tails[21]와 pig tails 또는 이와 유사한 헤어스타일은 허용되지 않는다.
- 앞 머리는 눈썹의 윗 부분보다 아래로 내려오면 안 되며 모자 착용 시 보여서는 안됨.

---

21) pony tails는 쌍갈래 머리, pig tail은 땋은 머리 스타일임.

- 화장품을 사용 시에는 제복의 품위를 분산시키지 않을 정도로 해야
   한다.
- 장신구는 다음 규정에 따라 착용할 수 있다.
   • 하나의 손목 시계
   • 최대한 2개의 결혼/약혼 반지와 상해를 야기할 수 있는 돌출이 없어
      야 함.
   • 최대한 2개의 stud 타입의 금·은 귀걸이로 한 쪽 귀에 하나.
   • 의료용 경보 팔찌

다) 사복경찰관
- 사복경찰관의 용모복장은 업무에 따라 다양함. 사복경찰관들은 각각의
   경찰서 과장이 마련한 기준에 따라야 함
- 사복경찰관도 일시적으로 제복업무를 수행 시에는 특별한 복장에 대한
   지시가 없는 한 제복근무자의 규정을 따라야 함.

〈Coquitlam RCMP의 GD팀 남녀 제복경찰관들의 용모복장 상태〉

살인수사국, 마약 및 조직범죄수사국, 강력범죄수사팀, 재산범죄수사팀 등 많은 수사관들은 평상시 주로 상하 색상이 동일한 양복을 입고와 넥타이를 맨다. 단, 금요일에는 대개 캐쥬얼한 스타일의 복장을 한다.

라) 예외
경찰관의 용모 복장과 관련한 이 규정들의 예외는 밴쿠버 경찰청장 또는 지정된 적당한 이유(예: 의료 또는 종교)가 있을 때 인정된다.

2. 문신

(1) 취지

경찰관의 용모와 행동은 지역사회의 신뢰에 영향을 미치는 요소이다. 따라서 모든 경찰관이 전문성 있는 이미지를 나타내는 것은 중요하다. 이러한 목적으로 과도하거나 허가받지 않은 문신은 금지된다.

(2) 지침

1) 정의
가) 과도한 문신 : 제복을 입었을 때 노출된 신체의 30% 이상을 과도한 것으로 정의한다. 그리고/또는 적절한 전문적 이미지를 훼손할 수 있는 것을 의미한다.

나) 허가 받지 않은 문신 : 부적절한, 전문적이지 않은 또는 공격적인(예: 누드, 성적 묘사 또는 폭력적 불경한 그림 언어) 문신을 의미한다.

2) 경찰관이 문신을 하고자 하는 경우에는 제복으로 덮여지는 부분에 하는게 좋음

3) 제복경찰관은 근무중 또는 공식적 행사에서 과도한 또는 허가받지 않은 문신을 노출해서는 안 된다. 과도한/허가받지 않은 문신은 승인된

제복으로 가려져야 한다.

4) 사복경찰관은 근무중 또는 공식적 행사에서 과도한 또는 허가받지 않은 문신을 노출해서는 안 된다. 과도한/허가받지 않은 문신은 복장으로 가려져야 한다.

5) Undercover 경찰관(신분 위장 경찰관)은 이 규정에 금지되지 않으면 각각의 과장의 허가하에 문신을 할 수 있다.

3. 흡연과 껌 씹기

VPD 경찰관들은 흡연과 껌씹기에 대한 내부 규칙을 준수하고 있는데 이 규칙의 목적은 개인의 편리를 불합리적으로 제한하지 않는 선에서 높은 수준의 외모와 품위를 유지하기 위함이다.

이 규칙에 따르면

- 경찰관들은 '밴쿠버경찰위원회'의 관리 하에 있는 건물 내에서 흡연을 할 수 없으며
- 경찰 차량 내에서 흡연은 금지되고
- 경찰관들은 도보순찰 시 그리고 시민과 직접적인 접촉을 하는 때에는 흡연과 껌 씹기가 금지된다.

4. 제언

우리 경찰에서는 '경찰관 복무규정' 제5조와 '경찰복제에 관한 규칙' 2조에서 '경찰공무원 및 의무경찰은 복장과 용모를 단정히 하고, 항상 품위를 유지하여야 한다'고 경찰관의 용모와 복장을 매우 간단히 규율하고 있다. 용모와 복장은 각 국의 문화에 따라 다르고, 시간이 흐르면서 변한다. 요즘은 국제화로 인해 세계 각국의 용모 복장과 관련한 문화가 빠르게 융합되기도 한다. 서구 제복조직의 용모 복장뿐 아니라 흡연, 껌 씹기, 문신 등에 관한 구체적인 규정 등을 다양하게 연구할 필요가 있어 보인다.

<table>
<tr><td>8 절</td><td>운전면허제도</td></tr>
</table>

1. 캐나다 BC주 운전면허 관리 현황

(1) 운전면허 등 관리 주체

우리나라의 경우에 운전면허 발급·갱신·취소는 경찰에서, 운전자 보험은 민간 보험회사에서, 차량 등록은 일반 행정관청에서 관리하는데 반해 캐나다 BC주는 캐나다 내 다른 주들과 유사하게 주 정부의 공기업인 ICBC(Insurance Canada of British Columbia)에서 면허(운전자 및 차량), 보험, 차량 등록업무를 관리하고 있다.

교통사고에 대한 수사, 음주운전 단속, 신호위반 등 교통질서 위반 사항에 대해서는 우리나라와 같이 경찰에서 처리한다.

캐나다 내 운전자들의 교통법규 준수 수준은 매우 높은데 응급차량, 경찰차량, 소방차량이 사이렌과 경광등을 켜고 운전중일 때는 모든 차량이 길 양옆으로 이동 후 정차하며, 교통경찰관이 없어도 혼잡중인 사거리에는 진입하지 않고, 일단 멈춤(Stop sign) 신호에서는 일단 정지 후 교차로에 우선 진입한 차량부터 한 대씩 통과하고, 회전교차로(Round about)에서 일단 멈추고 우선권이 있는 차량에 양보하며 회전차로에서 빠져 나갈 때 방향 지시등을 켜는 등 교통질서 준수 상태가 매우 우수하다.

2. 운전면허 발급 제도

(1) 3단계 운전면허 취득 제도(GLP)

캐나다에서 정규 운전면허를 취득하기 위해서는 3단계의 과정을 거쳐야 하며 최단기간에 운전면허를 취득하는데 3년이 소요된다. 동 제도는 Graduated

Licensing Program(GLP, 운전면허 취득 프로그램)[22]으로서 신규 운전자의 충돌 사고를 줄이고, 신규 운전자가 점진적으로 운전 경험을 쌓고, 제한된 조건하에서 신규 운전자를 덜 위험하게 노출시키기 위해 정책이 수립된 것이다.[23]

(2) 학습자 운전면허(Learner's Licensing, L면허)

L면허는 학습자 면허로서 교통 지식 테스트, 시력 검사, 신체검사를 통과하면 이를 발급한다. L면허를 발급받은 운전자는 25세 이상의 운전 유경험자가 동석하여 지도할 때에만 운전이 가능하고, 'L면허' 표시판을 차량 후미에 부착해야 하며, 지도자와 직계가족 포함 3명 이하 탑승이 가능하고, 운전시간 제한 (오전5-자정)이 있으며, 다음 N면허 테스트까지 60시간 이상 도로 운행 연습을 해야 한다.[24]

(3) 초보자 운전면허(Novice Licensing, N면허, Class 7)

'L면허'는 초보자 면허로서 이를 취득 후 12개월 초과한 운전자는 ICBC 감독관 동승하에 도로주행 테스트를 통과하면 'N면허'가 발급된다. N면허가 있으면 도로에서 혼자 운전할 수 있으며, 25세 이상의 감독자가 없으면 승객은 1명만(직계 가족 제외) 탑승이 가능하다. 다음 정규 면허 테스트까지 60시간 이상 운전해야 한다.

(4) 정규 면허 취득(Class 5)

'N면허' 취득 후 연속 24개월 면허를 유지한 자로서 다시 ICBC 점검관

---

22) https://www.icbc.com/driver-licensing/new-drivers/Pages/Graduated-licensing.aspx 캐나다 BC주에서 운전면허를 담당하는 ICBC홈페이지 내용을 요약한다.
23) 캐나다인들은 운전면허 제도가 3단계로 이루어져 정규 면허 발급까지 많은 시간이 걸리지만 대신에 정확한 안전운전을 배울 수 있어 도로 안전을 위해 동 제도가 좋다고 평가하고 있다.
24) 대부분의 캐나다의 L 소지자는 주로 고등학생, 대학생들인데 부모의 동승, 지도하에 운행 연습을 한다.

동승하에 도로주행 테스트를 통과하면 정규 면허가 발급된다.

3. 도로주행 테스트(Road Test)

L면허 소지자가 N면허를 취득하기 위해서, 그리고 N면허 소지자가 정규 면허인 Class 5 면허를 취득하기 위해서는 각각 도로주행 테스트를 통과하여야 한다.

L면허 소지자는 1년 동안 '25세 이상 Class 5 면허를 소지한 사람이 동승한 상태'에서 도로주행을 하며, ICBC에서는 다양한 도로에서 년 60시간 이상의 운전을 권장하고 있다. L면허 취득 1년 후 ICBC 시험관(Examiner)이 동승한 상태에서 '도로주행 평가'를 통과하면 N면허(Class 7)를 발급한다.

N면허를 취득한 사람은 2년 간 운전-혼자 차량 운전이 가능-을 한 후 다시 '도로주행 평가'를 한 후 정규 면허인 Class 5면허를 취득한다.

따라서 L면호와 N면허로 3년 동안 운행한 후 도로주행 테스트를 모두 통과하고 교통법규 위반이 없는 경우 Class 5 면허를 취득한다.

4. 도로주행 평가 내용

(1) 차량 점검

ICBC 시험관은 도로주행 평가(Road Driving Assess) 전 시험자가 가지고 온 차량의 기계적 성능을 운전자가 적절히 작동할 수 있는지를 점검하고, 차량의 좌회전·우회전 등 신호 표시등이 고장 난 경우를 대비하여 손으로 우회전·좌회전 정지를 수신호를 보낼 수 있는지 확인한다. 점검관은 차량 밖에서 방향지시등, 전조등, 상향등, 브레이크 등을 점검한다.

이후 점검관은 차량 실내에서 운전자의 습기제거(Defrost) 작동방법, 비상 브레이크 작동방법, 우천 시 와이퍼 작동방법 숙지 여부를 점검한다.

(2) 도로운전 점검 항목

도로주행 평가 시에는 미리 작성된 항목별 평가지에 따라 점검한다. 평가지에 있는 항목들은 다음과 같다.

1) 차량이 주차된 위치에서 도로상으로 빼는 기능(scan, shoulder check, 방향지시등, 부드럽게 빼는 정도 등)을

2) 도로변으로 주정차 시에는 방향지시등, 어깨 체크, 연석선과 15cm이내 접근하여 주차하는 기능을

3) 교차로상에서 좌회전 시에는 Stop Sign(정지선)에서 정위치 정지·완전한 정지 여부(Rolling Stop 체크 : 완전히 정차하지 않고 천천히 차량을 움직이는 것은 감점사항), 신호 넣기·shoulder check 여부(사각지대 확인 방법)·교차로의 좌측·중앙·우측 순으로 안전 확인 여부(scan), 모서리 침범(cut corner)·옆 차로 침범, 교차로 상에서 급가속 급제동 여부 등을 확인한다.

4) 우회전시에도 정위치 정지(stop position), 완전한 정지(complete stop), 신호, shoulder check, scan, cut corner, 좌측·중앙·우측 순으로 안전 확인, 옆 차로를 방해하지 않고 진행 여부, 급가속·급제동 등을 항목별로 체크한다.

5) 교차로와 교차로 사이에서 주행중에는 속도제한(통상 시내 주행은 50km/h)을 준수하는지, 늦은 속도로 다른 차량을 방해하지 않는지(impeding cars), 차선 변경, 도로상 위험요소 인지(hazard perception, 예: 수풀, 정차된 차량, 길 옆 보행자, 언덕 내리막, 교차로 등), 학교 및 운동장 인근도로에서 속도 준수 여부 등을

6) 그리고 언덕주차 시 앞 바퀴 방향(오르막에서는 왼쪽으로, 내리막에서는 오른쪽으로 바퀴 전환), 후진 시(Backing) 360도 확인·가끔식 전방 확인, 평행주차(Parallel parking: PP) 시에 360도 확인·도로 연석선(curb)과 이격 적정 여부·사이드 미러 확인 등을 사전에 작성된 check list에 따라 점검한다.

7) 주요 항목별로 합격점이 정해져 있는데 좌회전, 우회전, 교차로 간 각각의 주행 시마다 체크한다.

(3) 도로주행 테스트 후 조치

점검관은 도로주행 테스트를 마친 후 운전자에게 운전방법들을 설명하고 운전자에게 해당 체크 리스트를 교부[25]하여 운전 숙달에 도움이 되도록 조치한다. 불합격자는 운전연습 후 2주 후에 다시 주행 테스트를 신청할 수 있다.[26]

5. 개인 의견

정규 운전면허 발급을 위해 3년 간 도로주행을 하고, 중간중간에 면허 발급기관에서 정밀한 도로 테스트를 하여 도로교통법규 준수와 안전한 운전 요령을 습득케 하고, 테스트 결과를 응시자에게 피드백해서 다음 테스트에 발전할 수 있도록 지원하는 캐나다 운전면허 발급 시스템을 우리도 검토할 가치가 높다고 여겨진다.

다음 페이지에 첨부한 양식은 ICBC에서 사용중인 도로주행 체크 리스트이다.

---

25) ICBC에서 활용중인 도로주행 체크 리스트를 첨부한다.
26) 캐나다에서는 주행연습 학원도 있지만 통상 운전자 스스로 책자, 관련 사이트 동영상, 시험관의 체크 리스트를 참고하여 운전연습을 하고 있다.

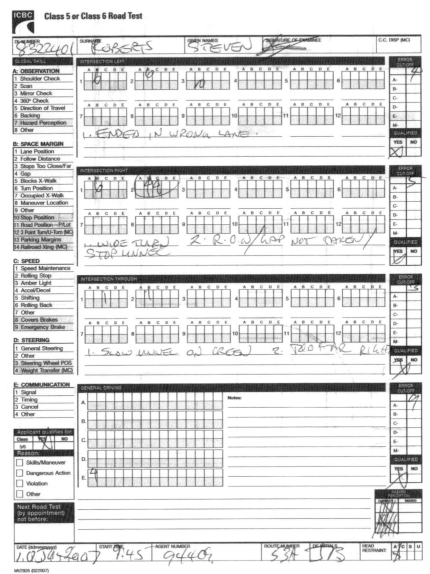

ICBC Class 5 or Class 6 Road Test

CUSTOMER

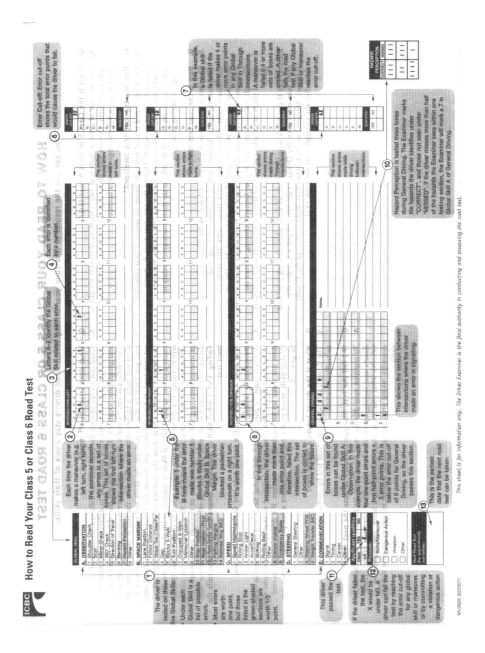

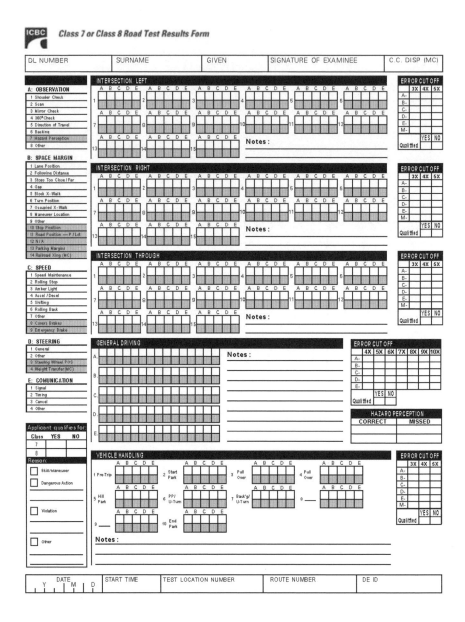

ICBC *Class 7 or Class 8 Road Test Results Form*

DL NUMBER	SURNAME	GIVEN	SIGNATURE OF EXAMINEE	C.C. DISP (MC)

A: OBSERVATION
1 Shoulder Check
2 Scan
3 Mirror Check
4 360° Check
5 Direction of Travel
6 Backing
7 Hazard Perception
8 Other

B: SPACE MARGIN
1 Lane Position
2 Following Distance
3 Stops Too Close / Far
4 Gap
5 Block X-Walk
6 Turn Position
7 Occupied X-Walk
8 Maneuver Location
9 Other
10 Stop Position
11 Road Position — P / Lot
12 N / A
13 Parking Margins
14 Railroad Xing (MC)

C: SPEED
1 Speed Maintenance
2 Rolling Stop
3 Amber Light
4 Accel / Decel
5 Shifting
6 Rolling Back
7 Other
8 Covers Brakes
9 Emergency Brake

D: STEERING
1 General
2 Other
3 Steering Wheel POS
4 Weight Transfer (MC)

E: COMUNICATION
1 Signal
2 Timing
3 Cancel
4 Other

Applicant qualifies for:
Class	YES	NO
7		
8		

Reason:
☐ Skill / Maneuver
☐ Dangerous Action
☐ Violation
☐ Other

INTERSECTION LEFT — Notes:
INTERSECTION RIGHT — Notes:
INTERSECTION THROUGH — Notes:
GENERAL DRIVING — Notes:
VEHICLE HANDLING
1 Pre-Trip 2 Start Park 3 Pull Over 4 Pull Over 5 Hill Park 6 PP / U-Turn 7 Back'g / U-Turn 8 9 10 End Park
Notes:

ERROR CUT OFF (3X 4X 5X): A- B- C- D- E- M- Qualified YES NO
ERROR CUT OFF (4X 5X 6X 7X 8X 9X 10X): A- B- C- D- E- Qualified YES NO
HAZARD PERCEPTION: CORRECT / MISSED

DATE Y M D	START TIME	TEST LOCATION NUMBER	ROUTE NUMBER	DE ID

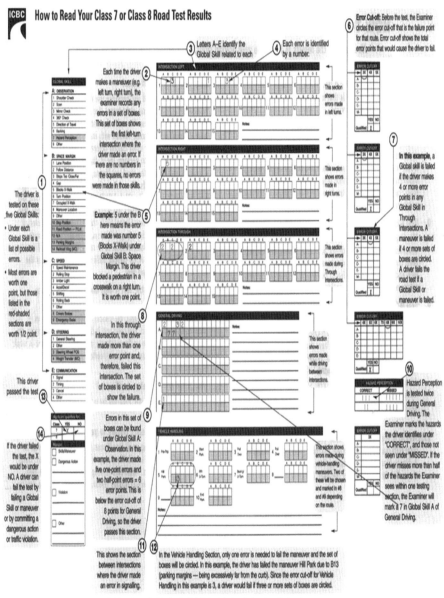

9절 경찰관 자살 예방 교육프로그램

1. 캐나다 경찰·소방 등, 정신건강 프로그램 운영

일상의 업무 현장에서 고위험 사건을 처리하는 경찰관과 소방관들의 정신
건강을 위해 캐나다 연방정부에서 '정신건강(Road to Mental Readiness, R2MR)
프로그램'[27)]을 운영하고 있고, BC주에서는 동 프로그램과 기본 취지, 목표, 프
로그램 구성요소, 교육 코스 등이 거의 동일한 'First responders mental health'
프로그램을 운영하고 있다.

2. R2MR 프로그램

(1) 연혁 및 배경

공무원의 정신건강 프로그램은 원래 국방부에서 개발되었다. 동 프로그램
은 사건사고 현장에 임장하는 공무원들인 경찰, 소방관, 112 근무자, 구조대,
교도관 등 스트레스가 높은 상황을 매일 접하는 'First responder'를 위해 마련
되었다.

동 프로그램 마련 시 New Brunswick주 경찰, 캘거리 경찰청, 에드먼톤
경찰청, 밴쿠버 경찰청, 온타리오 경찰학교, 퀘벡 경찰청 등이 참여하였으며
R2MR 프로그램은 2013년부터 시행되고 있었다.

---

27) 이 연구 내용은 캐나다 연방정부의 관련 사이트인 Road to Mental Readiness 홈페이지와
BC주 정부 관련 사이트: WorkSafe BC, http://bcfirstrespondersmentalhealth.com/ 를 참조하
였다.

(2) 개요

'정신건강(Road to Mental Readiness: R2MR) 프로그램'은 임상 전문 의료진에 의해 개발되었으며, 과학적 접근에 의해 가장 실효적인 방안을 강구한 교육 중심 프로그램이다.

이 프로그램은
- 단기간 직무수행능력 증진과 장기적 정신건강 증진을 위해 치유 저해 요인을 줄이고, 치유과정에 조기 접근을 쉽게 하기 위한 것이고
- 정신적 질환을 겪고 있는 동료들을 지원하기 위한 관련분야 지식을 함양시키고 조직 운영자들에게 관심을 제고하기 위한 교육이며
- 조직 운영자들의 정신건강을 유지시키고, 그들이 직장 동료들의 정신 건강을 증진시키는 데 도움이 되고자 한 것이며
- 직원들 모두 존경받을 수 있는 직장을 만들고, 모든 직원들이 참여하게 하기 위한 것이며
- 직원들이 정신적 문제나 질환을 가진 동료를 찾아 내는데 관심을 갖도록 하고자 함

(3) 중요 구성요소

1) The Mental Health Continuum Model

대상자의 정신건강 상태를 4개의 카테고리로 구분하여 − 녹색(건강), 노랑(관심), 주황(피해), 적색(질환) − 자가 진단 및 치유방법 등을 제시한다.

정신건강은 치료를 진행하면 위험한 카테고리에서 건강한 카테고리로 변화할 수 있음을 알려주고, 각 단계별로 스스로 또는 다른 사람을 위한 적절한 대응방법을 가르쳐 준다.

2) Big 4

'행동 치유 인식' 기법의 일환으로 개인이 스트레스에 대응하고 극복하는

데 도움을 준다. 긍정적 독백, 형상화, 전략적 호흡, SMART 목표 설정으로 구성된다. 시나리오 체험기법과 비디오 기법을 활용하여 실제 정신질환을 경험하였던 동료들의 경험, 이들을 도왔던 사람들의 경험, 현재 회복중인 동료들의 체험을 바탕으로 치유한다.

3) 교육 코스

- 기본과정
  4시간용으로 참석자들은 부정적 인식, 치유에 대한 장애, 건강유지 전략, 정신적 강인함 등에 대한 다양한 기법, 수단, 도움을 받을 수 있는 방안 등을 배운다.
- 관리자 과정
  8시간용으로 기본과정 이외에 관리자에게 요구되는 내용이 추가되는데 직원들의 긍정적 정신건강을 증진하는데 관리자의 역할, 사건에 대한 Ad hoc(특별위원회) 검토, 조기 인식 등을 교육한다.
- Train-the-trainer(교육자 교육) 과정
  기본과정과 관리자과정을 마친 사람 중 5일간의 심화 교육을 한다.
- 교육자(Trainer) 자격을 유지하기 위한 요구사항
  교육자 자격을 계속 유지하기 위해서는 자격이 있는 프로그램에 대해 1년에 2회의 코스 진행을 하여야 함. 교육자가 R2MR과 다른 프로그램(TWM 혹은 TIM) 자격을 가지고 있다면 각각 1년에 2회의 코스 진행을 하여야 자격이 유지된다.
- 교육 프로그램
  주관 부서인 MHCC(캐나다 정신건강위원회)에서는 매년 수회 정례적 교육 코스를 마련하여 관련 홈페이지에 교육 코스 일정과 연락처 등을 안내하고 있다.
- 주관
  Mental Health Commission of Canada(캐나다 정신건강위원회)에서 동 정신건강 프로그램을 진행한다. MHCC는 2007년도 Health Canada(캐

나다 보건복지부)에 의해 기금이 마련되어 설립되었으며, 설립 이후 '직장내 정신건강 기준', '정신건강 초기 지원' 등을 만들었다.

10절 호칭과 대화·점심과 회식·여가 활용 문화

1. 상사 호칭과 조직 내 대화 문화

부하가 상사를 부를 때 부임 초기에는 상사의 계급을 부른다. 예를 들어 계급에 성(姓)을 붙여 'Inspector Richardson(리차드슨 경정)' 또는 'Sir.'[28]로 부른다.

캐나다 경찰에서 일반적으로 상사는 부하에게 만나는 즉시 또는 1주일 정도 지난 후에는 자신을 부를 때 '성(姓) 대신 이름으로 부르라'고 말하며, 부하들은 'Sounds Good, Sir(좋습니다. 상사님)'라고 농담조로 답변하고 다음부터는 상사를 이름으로 부른다. 이들의 문화에서는 타인을 이름으로 부를 때가 성으로 부르는 것보다 훨씬 친근감을 준다. 간혹, 몇 달이 되어도 이름으로 부르라고 하지 않는 경우도 있는데 부하들 사이에서는 '계급을 중요시 여기는 상사'라고 수군거리기도 한다.

저자는 영어식 호칭에 익숙하지 않아 많은 실례를 범했다. 현지 경찰관들이나 이웃들이 나를 'Mr. Kim' 또는 'Consul Kim(김 영사님)'이라고 1년 넘게 부르고 있는데도 나는 그 친구들을 'Mike' 'Phill'이라고 부르면서 그들에게는 '나를 이름으로 부르라'는 이야기를 분명하게 하지 못하고 우물쭈물했다. 나중에 이들의 호칭 문화를 이해하고 이름으로 부르라고 하니 그들도 그 다음부터

---

28) Sir를 우리 말로 번역할 때 모 교수는 '대감님'이라고 번역한 적이 있다. 외국어를 우리 말로 정확히 1:1로 번역하는 것은 불가능한 것이 많겠지만 Sir는 굳이 번역한다면 존칭인 '상사님, 어르신, 귀하' 등이 적당할 것으로 보인다.

는 편하게 나를 이름으로 불렀다.

영어에서는 부하가 상사에게 이야기할 때 우리 언어와 비슷한 형태의 존 댓말은 없이 서로 간에 'You(너, 당신)'라고 부르지만, 공손한 영어로 표현한다. 예를 들어 Please, Would you, I'd like to(… 좀 해 줄래요) 같은 공손한 표현으 로 상사에게 말을 한다. 공손한 표현은 있지만 아시아 문화와 같은 같이 극존칭 이나 존댓말은 없다.

부하 경찰관이 상사와 다른 의견이 있을 경우, '나는 당신이 틀렸다고 생 각한다(I think you are wrong.)' '나는 당신의 의견에 찬성하지 않는다(I don't agree with you.)'라는 표현을 사용한다. 이러한 경우, 상사는 부하에게 '내가 무엇이 틀렸다고 생각하냐?'고 묻고 부하는 '첫째, 둘째, …' 식으로 의견을 말하면 상사 들은 대개 '첫째는 내가 미처 생각 못했고, 둘째와 셋째는 내가 알고 있지만 나는 이렇게 추진한다'고 답변하면서 상사와 부하가 대화가 시작되는 것이 보 통이다. 아시아 문화처럼 모호한 표현이나, 에둘러 말하거나, 빙빙 돌려서 말하 지 않고 형식보다는 대화 내용에 더 집중하는 것이다.

남성 경찰관들과 여성 경찰관들의 대화 습관에 약간 차이가 있는데, 많은 남성 경찰관들은 서장이나 과장의 지시를 노트에 적으면서 'Yes, Sir' 또는 'Yeah'라고 하는 경우가 많은 반면에, 여성 경찰관들은 노트에 적는 대신에 말하는 상사의 얼굴을 쳐다 보면서 이야기를 듣는 경향이 많다. 이는 우리 남녀 경찰관들의 대화 행태에서도 비슷한 것 같다.

상대방 직위의 고하를 불문하고 또는 재산 소유의 과다를 불문하고 캐나 다인들의 기본 에티켓은 서로 간의 존중이며 이를 중시한다. 캐나다 경찰에서 는 승진 시에 주변 동료 평가가 중요한 역할을 하며 부하 직원을 비인격적으로 대하거나, 몇 시간씩 세워 놓고 질책하거나, 욕설을 상습적으로 하는 사람들은 승진하지 못한다는게 일반적이다.

2. 점심, 회식, 음주 문화

RCMP(연방경찰) BC주 지방경찰청 주변에는 식당이 없다. 지방경찰청에서

걸어서 20여 분 거리 내에는 길 옆에 레스토랑이 한 곳도 없다. 이러한 현상은
이들의 점심식사 문화가 우리와 매우 다르기 때문이다.

대부분의 캐나다 경찰관들은 고위직이든 현장 근무자이든[29] 점심을 혼자
한다. 이들은 전날 밤 만들어 둔 샌드위치나 샐러드를 아침 출근 때 가져와
오전 11시경부터 각자 자신의 책상에서 컴퓨터 업무를 보면서 점심식사를 한다.

이들이 직장에서 혼자 식사하는 것은 전통적인 문화다. 대규모 벌목 현장
에서 백인 벌목꾼들이 근무 시간에는 큰 기계를 작동하다가 점심 시간에는 서
로 50여 미터씩 멀찍이 떨어져 각자 가져 온 샌드위치를 먹는다. 도시 제빵소
에서 일하는 사람들도 점심 시간에는 각자 30분씩 혼자 테이블에 앉아서 식사
한다. 큰 기업을 운영하는 사업가도, 경찰관들도, 변호사들도 대개 특별한 일이
아니면 점심은 집에서 가져온 샌드위치로 혼자 식사를 한다. 자신의 책상에서
앉아서 식사를 하기도 하고, 공원이나 해변가 벤치에 앉아 혼자 식사를 하는
사람들이 많다.

BC주 지방경찰청 수사국에 근무하는 Mike는 가족과 함께 저녁식사를
준비하면서 다음 날 점심을 위해 고기를 넉넉히 굽는다. Mike는 저녁을
만들면서 다음 날 점심에 먹을 샌드위치를 미리 만들어 냉장고에 넣어 둔
다. 그는 아침 6시에 일어나 시리얼이나 과일로 아침 식사를 간단히 하고,
사무실에 나가면서 전날 저녁에 만들어 둔 샌드위치를 회색 봉투에 넣어
가방에 넣어 간다. Mike는 평상 시 농구를 즐기는데 점심 시간을 이용하여
동료 경찰관들과 농구를 하고, 자기 책상으로 돌아와 컴퓨터로 다시 일을
하면서 가져 온 샌드위치를 혼자서 먹는다. 동료들과 점심 약속을 하는
경우도 간혹 있는데 약 1주일에 1번 정도 구내식당에서 샌드위치나 샐러드
를 먹는다. Mike는 저자에게 "너도 잘 알다시피 점심 값이 비싸서 도시락을
가져 간다"고 말한다.

---

[29] 저자가 만난 상당수 지방경찰청 국장이나 경찰서장들도 혼자서 자신의 사무실에서 식사한
다. 이들은 다른 경찰관들도 대개 혼자서 식사를 하고 자신들도 대개 그렇게 한다고 이야기
하였다.

이러한 점심 식사 문화는 서구의 개인주의 문화와 독립성 보여주는 대표적인 예라고 여겨진다. 어떤 백인들은 벌목 현장 주변에서 집도 스스로 짓고, 아이들도 학교에 보내지 않고 가정에서 스스로 가르치기도 한다.

경찰서나 지방경찰청 내 같은 사무실에서 근무하는 경찰관들은 1달에 1번 정도 사무실 동료의 생일 때 점심을 같이 나가서 하기도 한다. 비용은 생일 당사자를 제외하고 모두 각자 자기 것을 계산하고 생일자 것만 동료들이 모아서 계산하는 것이 보통이다.[30]

캐나다에서는 경찰뿐 아니라 일반 회사에서도 같은 사무실 동료들끼리는 저녁에 회식을 거의 하지 않는다. 저녁 때 간단히 술을 겸한 회식자리는 매우 친한 친구들끼리 한다. 캐나다 경찰관들의 친구들은 주로 과거에 같이 근무하였던 동료 경찰관들이 많았다. 통상적으로 저녁에 밖에서 술을 마시면 '가족을 놔두고 왜 혼자 밖에서 술을 마시나'하는 의문을 가진다는 것이다.

음식이나 술을 주문하는 경우에 우리처럼 모두가 한 가지 종류의 통일하여 주문하지는 않는다. 각자 자기가 먹을 음식을 주문하고, 각자 자기가 마실 음료나 술을 주문한다. 샌드위치를 주문하는 경우에도 빵의 종류에서부터 소스의 종류, 샌드위치에 들어가는 고기의 종류를 각자 따로따로 주문한다. 이들은 저자가 "왜 따로 따로 주문하냐. 모두 같은 것으로 마시면 안 되냐?"는 문제 제기에 "음식을 모두 통일하여 먹는 것보다는 각자가 좋아하는 대로 주문하여 (customizing) 먹는 것이 좋은 것 아니냐"고 한다. 술도 자신이 좋아하는 대로 맥주든, 칵테일이든, 포도주든 각자 시켜서 마신다. 각자 좋아하는 술을 마시면서 서로 즐겁게 대화하는게 좋지 않느냐는 것이다. 이들이 건배하는 경우는 처음 술을 시작할 때만 하는 것이 통상적이고 술자리에서 계속 건배하지는 않는다.

타인에게 술을 빨리 마시라는 권유나 묵시적인 강요를 하는 것을 본 적이 없다. 각자 성인이기에 자신이 알아서 자기 양대로 마시는 것이다.

술자리에서 대화는 옆 사람이나 주변 사람과 자유롭게 한다. 상사만 혼자

---

30) 수사팀장이 금요일 오후에 팀원 10여 명과 함께 레스토랑에 가서 샌드위치와 맥주 한 잔을 마시며 사기를 진작하는 것도 보았고, GD 순찰팀이 비번일에 같이 낚시를 가는 것도 보았으나 큰 범주로 볼 때 이들은 회식을 우리처럼 자주 하지 않는다.

대화를 주도하는 경우는 보지 못했다. 규모가 큰 파티 때는 의자에 앉아 술을 마시는 것보다는 술 잔을 들고 서서 돌아 다니면서 참석자들과 대화하는 것을 즐긴다.

또한, 술자리 중간에 귀가하는 것도 매우 자유롭다. 그 자리에 상사가 있고 연장자가 있어도 "일이 있어 일찍 들어 가겠다"고 이야기하고 자리를 뜨면 남아서 더 즐기는 경찰관들은 모두 "잘 가라. 운전 조심하고 …"라고 인사하고 헤어진다. 먼저 자리를 뜨는 것을 실례로 여기지 않는다.

3. 경찰관들의 여가 활용

대부분의 캐나다 경찰관들은 퇴근 후 또는 주말에 아이들 및 가족과 보내는 시간이 많다. 경찰관들의 여가 활용 행태는 크게 분류하면 가족활동, 본인의 스포츠 활동, 집안 일 처리, 그리고 시간외 근무 신청 등이다.

이들은 등하교하는 자녀들을 학교 또는 집까지, 또는 아이들의 방과 후 체육활동 시 운동장까지 차량으로 태워다 준다. 초등학교 아이들은 여름 철에는 주로 야구, 축구, 배구, 라크로스 등을 즐긴다. 겨울 철에는 하키를 즐기는데 부모들은 아이들을 체육활동 시설까지 이동, 스포츠용품 관리, 운동장 정리, 심판활동, 코치 등을 자원봉사하면서 아이들의 체육활동을 지원한다.

VPD 인사과의 Mike는 주말이면 6살짜리 아들을 아이스하키 경기장에 차량으로 태우고 가서 아들의 장비 착용을 도와 준다. 아직 어린 아이라서 많은 하키 장비를 스스로 입기 어렵기 때문이다. RCMP 지방청 수사국의 또 다른 Mike는 1주일에 6일을 아들과 딸의 스포츠 활동에 같이 다닌다. 초등학생인 딸은 라크로스와 축구를, 아들은 야구 활동을 번갈아 가며 매일 하기 때문이다. 아이들의 팀이 리그에서 우승하면 시 대항전이나 주 대항전에도 따라 다닌다. 한 번은 저녁 약속에 조금 늦게 도착하여 "딸의 라크로스 팀이 5:5 무승부라서 연장전까지 갔는데 무승부로 끝나 늦었다"고 한다. 경찰관들은 아이들의 스포츠 시즌이 끝나면 본인들의 스포츠 활동 또한 열심히 하는 편이다. 많은 경찰관들이 하키, 스키, 조깅, 농구 또는 Gym에서 운동을 하고 어떤 경찰관들은 사진 촬영, 사격, 사냥 등을 즐긴다. Surrey 경찰서의 GD팀장인 Dave는 하키를 즐기는데 여름에는 여름용 하키 스틱을 차량에 가지고 다니면서 마루 바닥에서 경기를 즐긴다. Dave는 거의 주말마다 동호회 간 시합을 즐긴다.[31]

스포츠 외에도 경찰관들은 집안 일을 많이 한다. BC주 지방경찰청 수사팀의 30대 중반 John은 최근 새 주택으로 이사하였는데 두 달간 매일 퇴근 후 스스로 주방과 거실을 리모델링하였다. 기존 벽체를 철거하고, 부엌 서랍장을 설치하고, 씽크대를 놓고, 나무 바닥을 깔고, 전기 배선을 하고, 욕실 리모델링을 하였다. 이 공사를 하면서 John은 자재 비용으로 한화 1,500만원을 사용하였다. John은 전문 리모델링 업체를 활용하지 않고 스스로 공사를 하면서 무척 힘들었지만 스스로 집을 리모델링 함으로써 1년 연봉에 맞먹는 약 8,500만원을 절약한 것에 큰 자부심을 느꼈다.

John뿐 아니라 많은 경찰관들은 집안 일에 많은 시간을 보낸다. 퇴근 후 정원의 나무를 자르고, 꽃을 심고, 담장을 설치하고, 뒷 뜰에서 아이들이 놀 수 있게 타일을 깔고, 자동차 엔진오일 교환이나 타이어 펑크를 직접 수리할 뿐 아니라 심지어 집을 스스로 짓는 경우도 있다. 이들은 친구들과 만난 자리 또는 자신의 집으로 초대한 사람들에게 마당의 큰 나무를 자른 이야기, 지붕과 천장 사이에 기어 들어가 전기 줄을 깐 이야기, 그 날 아이들 스포츠 경기 결과 등을 이야기하는 것을 좋아한다.

성문종합영어 장문독해 편에서 소개된 미국인들의 일상 생활이 캐나다 경찰관들이나 캐나다 시민들의 일상 생활과 거의 유사하다.

자수성가의 전통이 미국문화의 한 특징이다. 그들은 대개 직접 일하면서 스스로의 노력으로 정상에 오른다. 기업이나 사업 또는 학계의 성공한 사람들은 그들의 아버지가 농장 같은 데에서 일을 시작하였다는 것을 이야기

---

31) 저자가 만난 경찰서장이나 과장급 고위 간부들 중에 스키, 농구, 사진 촬영 등을 즐기는 사람들을 많았다.

한다.

육체적 노동에 대한 이러한 태도는 많은 미국 생활에서 보여진다. 안락한 고급가구가 설치된 집의 저녁에 초대되더라도 여주인은 아마 스스로 요리하고, 스스로 상을 차리고, 접시들을 스스로 닦을 것이다. 그 집의 남자 주인이 전문성 높은 직업을 가지고 있을지라도 세차, 화단을 파는 것, 집에 페인트를 칠하는 것이나 지하실 오락실에 타일을 까는 것에 대해 이야기할 것이다. 남편은 부인이 접시를 닦을 때 도와 주는 것처럼, 부인은 남편이 이런 일을 할 때 도울 것이다. 집을 떠나 멀리에서 대학에 다니는 그 집의 아들은 식박비를 마련하기 위해 식당에서 서빙을 하거나 접시를 닦을 것이다. 혹은 여름 방학 기간에는 다음 학기의 수업료를 마련하기 위해 고속도로 건설 현장에서 있을 것이다.[32]

스포츠나 집안 일 외에 경찰관들이 많이 하는 것 중에 시간외 근무가 있다. 이들은 휴가 및 교육으로 인한 경찰관 근무 인원 부족, 관내 대규모 영화제작이나 행사 등으로 인한 치안 수요 증가 시, 또는 타 경찰서에서 시간외 근무자 모집 시 자신의 비번 일에 시간외 근무를 신청하여 생활비를 번다. GD팀원들은 4일간 근무하고 4일간 비번인데 대개 비번일 중 하루 정도 시간외 근무를 한다. 이들은 순찰차를 운전하여 911 신고를 처리하고, 교통을 통제하고, 범죄 감식을 하기도 한다.

4. 우리 경찰문화 개선 제언

우리 경찰문화 가운데 인간적인 관계를 소중히 여기고, 상사와 연장자를 존중하는 것, 그리고 동일한 제복을 입고 범죄를 공동으로 단속하는 사람들로서 동질성을 강조하는 문화들은 서구에서 보기 힘든 매우 소중한 문화이다.

그러나 캐나다 경찰관들의 회식문화, 음주문화, 스포츠 등을 즐기는 여가 문화는 우리 경찰의 문화를 개선하는 데 참고할 만한 것으로 보인다.

---

32) 성문종합영어, 성문출판사, 1988, 52페이지, 원문은 G. Doty & J. Ross: Language and Life in the U.S.A.이다.

우리 경찰에서 발생하는 음주운전이나 성 관련 비위 행위는 주로 같은 사무실 동료들 간 과도한 양의 음주로부터 시작하는 것을 감안할 때 캐나다 경찰관들이 퇴근 후 회식을 거의 하지 않고, 회식을 하는 경우에도 동료가 아닌 친구들 간에 그리고 술의 종류나 양은 각자의 결정대로 마시고, 회식에서 자유롭게 대화하고, 회식에서 이석이 자유롭고, 집에서 가족과 함께 하는 활동을 많이 하는 문화 등은 자체사고가 발생할 소지를 없애고 다음 날 근무에도 체력적인 지장을 주지 않는 것으로 보인다.

11절 집단 따돌림 예방(Pink Shirts Day) 운동

1. Anti-bullying(집단 괴롭힘 예방)을 청소년 주요 이슈로 관리

캐나다 경찰은 청소년 이슈와 관련하여 집단 괴롭힘(Bullying)을 청소년 마약 남용에 이은 두 번째 주요 이슈로 취급하고 있으며 학교 담당경찰관들로 하여금 '청소년들이 집단 괴롭힘으로부터 자신들을 보호하는 방법'을 지속적으로 알리고 있다.

2. 집단 괴롭힘과 관련된 안전 팁 제공[33]

청소년, 부모, 학교, 법집행기관 모두 학교에서 학생들의 안전에 중요한 역할을 하고 있으며 모든 사람이 학교를 집단 괴롭힘으로부터 자유롭게 하고, 집단 괴롭힘이 발생할 경우 이를 보고하고, 집단 괴롭힘의 피해자를 돕는 것이 중요한 것임을 인식해야 한다.

---

33) 경찰의 웹사이트인 Centre for Youth Crime Prevention에서 발췌한 내용이다.

학부모들은 아이들이 학교에서 괴롭힘을 당하고 있는지 부모에게 편안하게 이야기할 수 있도록 열린 소통을 하여야 한다. 청소년들이 학교에서 집단 괴롭힘을 경험하고 있지만 부모와 편안하게 대화하지 못할 경우에 선생님이나 믿을 수 있는 어른에게 접근할 수 있도록 권장되어야 한다.

청소년과 부모들은 경찰의 웹사이트인 'Centre for Youth Crime Prevention(청소년 범죄 예방 센터)'에서 유용한 도움을 받을 수 있다. 무엇이 괴롭힘인지, 왜 괴롭힘을 하는지, 누가 타겟인지, 부모가 아이들이 괴롭힘을 당하는지 아니면 괴롭힘을 하는 학생인지 등에 대한 판단을 할 수 있다.

3. 집단 괴롭힘에 대한 환상과 현실 안내

- 환상) 내가 다른 사람에게 괴롭힘을 이야기하면 문제를 더 악화시킨다.
  현실) 연구에 따르면 어른들과 친구들이 개입되면 괴롭힘은 멈춰진다.
- 환상) 괴롭히는 아이들에게 보복해 준다.
  현실) 괴롭힘에 폭력적으로 대응하면 괴롭힘이 더 장기화되고 심각해진다.
- 환상) 괴롭힘은 단지 학교에서만 일어난다.
  현실) 괴롭힘은 우리가 사는 곳, 노는 곳, 공부하는 곳, 일하는 곳 어디에서든 일어난다.
- 환상) 괴롭히는 아이들은 태어날 때부터 성향을 타고난다.
  현실) 괴롭힘은 학습된 행위이다. 행위는 변화될 수 있다.
- 환상) 큰 일이 아니다.
  현실) 75%는 괴롭힘에 의해 자신들의 생활이 영향을 받았다고 답변하였다.

4. 캐나다 경찰, Pink Shirt Day 운동 주도

캐나다에서는 매년 4월 22일을 'Pink Shirt Day'로 정해 학생들이 분홍색 셔츠를 입고 등교하도록 권장하고 있고 특히, 캐나다 경찰이 이 운동에 적극 참여하고 있는데 학교담당 경찰관들은 이 날 분홍색 셔츠를 입고 초등학교, 중고등학교를 방문하여 학생들과 하키나 농구 대회를 같이하면서 괴롭힘에 대한 인식을 심어주고 있다.

Pink Shirt Day란 2007년경 캐나다 노바 스코샤 주의 Central Kings Rural 고등학교에서 9학년(중3) 남학생이 개학 첫 날 단순히 분홍색 셔츠를 입고 등교하자 몇 몇 학생들이 이 학생에게 집단 괴롭힘을 가하였다.

이를 알아 차린 12학년생(고3)이던 David Shepherd와 Travis Price는 학교에서 괴롭힘이 계속되고 있는데 이를 가만히 지켜보고만 있기보다는 무엇인가 해야 한다는 생각을 하였다. 이들은 집에 돌아와 곰곰이 생각하던 중 많은 학생들이 분홍색 옷을 입고 학교에 가면 모두를 괴롭힐 수는 없을 거라고 생각하고, 자신들의 용돈으로 50장의 분홍색 색상의 옷들을 구입하여 다음 날 이를 다른 학생들에게 나눠 주고 학생들이 이를 입었다.

그 주에 1,000여 명의 학생 중 850여 명이 분홍색 색상의 옷을 입었다. 학교는 이들을 지지하였고, 그 주에 노바 스코샤 주의 모든 학교에서 이를 따랐고, 그 다음 주에는 캐나다 전국의 학교에서 이를 따랐으며, 1달 이내에 세계적으로 이 '핑크 셔츠 데이'가 확산되었다.

이후, 노바 스코샤 주지사가 9월 둘째 주 목요일을 '괴롭힘에 대항하는 날'로 선포하였고, 2008년에는 BC주에서도 '안티 불링 데이'를 선언하였다. 현재는 캐나다뿐 아니라, 호주, 뉴질랜드, 프랑스, 영국, 미국 등에서 '안티 불링 데이'를 기념하며 UN은 2012년 5월 4일을 '안티 불링 데이'로 선언하였다.

캐나다 내 경찰서나 지방경찰청의 정복부서와 사복부서의 경찰관들은 이 날 모두 분홍색 상의 근무복, 셔츠 또는 넥타이 등을 착용하고 집단 괴롭힘 반대 운동에 참여한다. 경찰에서는 이즈음 관련 사진들을 홈페이지에 게시하여 경찰이 괴롭힘에 반대하고 있다는 메시지를 확산하고 있다.

요즘에는 괴롭힘이 학교뿐 아니라 직장과 온라인에서도 일어나고 있음을 주목하면서 많은 직장인들도 이 날 분홍색 드레스 코드를 하고 다닌다. 시민들

도 이날 분홍색 셔츠를 입고 대중교통을 이용하고 직장에서도 많은 사람들이
분홍색상의 셔츠를 입고 근무한다.

이러한 반 괴롭힘 운동과 관련하여 BC주 경찰청장은 "우리 지역사회에서
분홍색에 대한 인색을 높이는 것은 우리가 함께 나아가고 있음을 보여주고 이
러한 행위에 용납이 없다는 것을 나타내는 것"이라고 언론을 통해 이야기하
였다.

우리 사회도 학교뿐 아니라 직장이나 온라인 상에서 소수자와 약자에 대
한 집단 괴롭힘을 근절하기 위한 해결책을 사회에 지속적으로 제기하고 캐나
다의 'Pink Shirt Day'와 같은 시각적인 효과를 가지는 사회 안전활동을 전개하
면 좋을 것으로 판단된다.

12절 캐나다 연방경찰, 해외 경찰주재관 운영

1. 현황

캐나다 연방경찰(Royal Canadian Mounted Police: RCMP)에서는 전 세계 26개
공관에서 37명의 해외 경찰주재관(Liaison Officer: LO)을 운영하고 있다.[34] 북아
메리카(미국에 4곳)와 라틴아메리카에 11곳, 유럽에 5곳, 아시아 태평양에 6곳,

아프리카와 중동에 4곳이 운영되고 있다.

2. LO의 임무

- 캐나다와 연계된 범죄에 대해 캐나다 법집행기관과 파견국의 상호 협력을 증진하기 위한 연결체제 유지하여 범죄정보 교류
- RCMP가 국가안보, 마약, 조직범죄, 살인, 부패, 인신매매 등 중요 범죄와 장기 수사를 외국 법집행기관과 진행할 때 협력한다. LO는 주재국의 법률 지식을 활용, 캐나다 법집행기구와 국제 협력국들에게 중요한 협력을 제공
- 해외에 거주중인 캐나다인의 안전(safety and security)에 대한 협력
- 캐나다에 영향을 미치는 범죄를 외국 경찰이 수사할 때 협력을 제공
- 캐나다 경찰이 해외를 공식 방문할 때 협조
- 국제회의와 세미나에서 캐나다 경찰을 대표하여 참석
- 외국 경찰의 교육 협력 등임

3. 경찰주재관 계급

캐나다 경찰의 해외 주재관 계급은 Corporal(경위급)부터 Sergeant, Staff Sergeant(경감급), Inspector(경정급), Superintendent(총경급)로서 대부분은 Sergeant(경위급)와 Staff Sergeant(경감급)이고, Superintendent는 워싱턴과 영국 두 곳에만 배치되어 있다.

Inspector(경찰서 과장급)와 Superintendent (경찰서장급)들은 경찰서장이나 과장급으로서 관리자로 오래 근무하여 실무적인 지원을 하는 Corporal(경위급)의 보조를 받고 있다.

---

34) http://www.rcmp-grc.gc.ca/en/liaison-officers-and-analysts 연방경찰 홈페이지 내용이다.

4. 주재관 선발

우리나라에서는 경찰주재관 선발 권한을 외교부에서 행사하고 있지만, 캐나다의 경찰주재관 선발은 외교부가 아닌 RCMP에서 직접 선발한다. RCMP가 경찰주재관의 수사, 형사법적 전문성, 실종자 수색, 변사자처리 등 업무 능력을 정확히 평가할 수 있기 때문이다.

최근 우리 국민들의 해외 여행이 급증하면서 해외에서 우리 국민들과 관련된 다양한 사건사고가 많이 발생한다.[35] 이러한 다양한 분야의 사건사고를 해외 경찰과 협력하여 처리해야 하는 경찰주재관을 선발은 재외 국민 보호에 매우 중요하다.

현재 경찰주재관 선발은 관련 전문성이 전혀 없는 외교부에서 최종 선발 권한을 행사하고 있다. 사건사고를 담당하는 경찰 주재관은 현지 경찰을 상대로 업무를 처리하는 전문성과 난이도가 매우 높은 업무이므로 이 선발업무는 외교부가 아닌 경찰청에서 직접해야 업무 능력이 있는 경찰주재관을 파견할 수 있다. 이는 신속히 개선해야 할 문제이다.[36]

5. 인터폴(Interpol)과 유로폴(Europol) 운영

Interpol 오타와 사무소는 연방경찰인 RCMP를 중심으로 운영하고 있으며 대규모 도시경찰인 Vancouver 경찰청과 Toronto 경찰청에서 각각 1명씩 상주 근무하고 있다.

이민법 위반 수사를 담당하는 CBSA(Canada Border Service Agency, 국경경비청)는 Interpol 오타와 사무실에 소속 직원 없이 연방경찰을 통해 관련 정보를 받고 있다.

---

[35] 저자가 밴쿠버총영사관에서 근무하는 3년 동안 심각한 데이트 스토킹 피해, 변사사건, 익사 실종자 수색, 이민사기 피해, 총기 강도 피해 등 매우 다양한 분야의 많은 사건사고 사례를 처리하였다.
[36] 일본경찰청도 경찰주재관 선발은 일본경찰청에서 직접 수행하고 있으며, 우리 국방부에서도 무관 선발은 외교부가 아닌 국방부에서 직접 선발하고 있다.

또한 Europol 본부에 연방경찰(RCMP)의 경찰관이 상주하면서 범죄정보 교류, 수사 협력 등을 하고 있다. 37)

향후 우리 경찰조직이 지방자치 경찰조직이 되면 인터폴 서울 사무소의 좌석 배정에 대해서도 검토하여야 할 것으로 보인다.

13 절	경찰관 순직 시 장례 식순, 내용과 사회 분위기
	-많은 시민들 운구 행렬 참관, 도로명 개정 운동, 촛불 추모회, 시민들 장례식 참여, 언론 보도 등-

1. 경찰관 순직 개요

2017년 11월 6일(월) 오전 캐나다 BC주 Abbotsford 경찰서의 Constable John Davidson(53세)이 관내 Auto mall 가에서 도난차량이 발견되었다는 신고를 받고 현장으로 출동하였으나 정신질환이 있는 범인 Artmann(65세, 정신질환)이 Shotgun을 발사하여 이에 피격되었으며 곧바로 Vancouver 종합병원으로 이송되었으나 병원 도착 후 순직 사망하였다. 도난 차량은 현장 부근에서 발견되었고, 범인(Oscar Arfmann, 65세)은 1급 살인죄로 체포되었다.

Cnst John Davidson은 경찰관 경력 24년차이며, 영국에서 10년 간 경찰관으로 근무 후 캐나다 Abbotsford 시경찰에 임명되었다. 학교담당 경찰관으로 근무하면서 학생들에게 환각제의 위험성을 경고한 공로로 '주 범죄상'을 수상하였고, 음주운전자에 대한 안전조치 공로로 수회 수상하였다.

또한, Davidson은 2017년도에 '소아암 환자를 돕기 위한 모금과 경각심 고취를 위한 9일 간의 자전거 대회'를 완주하였다. 총격 사고 후 페이스북에는 이 경찰관을 아는 학생들, 운전자들이 자신들의 경험담을 게시하면서 Davidson

---

37) 미국의 FBI, DEA 등 여러 연방 법집행기관 유로폴 본부에 각각 수사관이 상주하고 있다.

을 칭송하였다.

아래 내용은 당시 캐나다 TV 등 언론, Abbotsford 홈페이지, 저자의 장례
식장 참석 내용들을 정리한 것이다.

2. 순직 경찰관 장례식 순서 및 내용

(1) 순직 경찰관 장례식 개요

Abbotsford 경찰청에서는 2017년 11월 6일 범인이 쏜 총에 맞아 숨진 Cst.
John Davidson의 장례식을 2주 뒤인 11월 19일(일) Abbotsford Center에서
가족, 캐나다 전역에서 참석한 경찰관, 소방관, 응급대응자, 미국경찰, 영국경
찰 등 8,000여 명과 BC주 수상인 John Horgan 등 귀빈, 시민 4,000여 명 참석
하에 순직 공무원에 대한 장례식 중 최상급인 'Regimental Funeral'로 거행하
였다.[38] 하루 종일 비가 오는 날 많은 참석 인원으로 인해 8,000여 명이 입실한
대규모 경기장을 비롯하여 주변 교회 그리고 Fraser Valley 대학교의 또 다른
경기장 등 세 곳에서 12,000여 명 참석하에 장례식이 열렸다.

---

38) Regimental Funeral이란 순직 공무원에 대한 장례식 행사 중 가장 규모가 큰 장례식이다.

장례식은 고인의 사회에 헌신을 추모하면서 엄숙하게 진행되었다. Bob Rich 경찰서장은 "그 날 총성이 울리고 John은 쓰러졌습니다. 어둠이 우리 도시를 덮었지만 모든 주민들이 John을 위해 할 수 있는 모든 것을 하기 위해 왔습니다. 우리 지역사회가 헌화, 도로명 개정운동, 촛불 추모 집회들을 하면서 유가족을 돕고, 지역공동체의 안전을 생각하는 계기가 되었고 지역주민들은 어둠에서 등대가 되었습니다"고 하였다. 같이 근무했던 동료 경찰관들이 고인과의 함께했던 에피소드를 소개할 때 장례식이 열리는 체육관에서 중간 중간 웃음도 나왔다.

(2) 순직 경찰관 장례식 순서 및 내용

1) 행진

비가 오고 바람이 부는 날씨에도 운구 차량을 따라 제복경찰관 부대(연방경찰, 여러 자치경찰들), 3개의 파이프 악대, 기마경찰대 등이 1Km 정도를 행진하였고 수 천명의 시민들은 연도에 도열하였다. 일부 시민들은 캐나다 국기를 들고 있거나, '고맙습니다' 는 피켓 등을 들고 행렬을 지켜보았다.

Abbotsford의 시크교 사원에서는 순직한 경찰관을 추모하기 위해 모인 시민들을 위해 음식을 제공하였다.

다음에 캡춰된 TV 화면은 '기수가 없는 말은 사망한 경찰관을 상징하고 있다'는 방송 문구이고 당일 많은 TV들이 순직 장례식을 생중계하였다.

2) 시신 운구

동료경찰관 8명이 시신이 안치된 관을 행사장 정면 중앙으로 운구하였고 가족들이 운구행렬를 뒤따랐다.

3) 사회자, 고인의 약력 설명

동료경찰관인 Sergeant Jason Scott이 전체 행사를 진행하면서 고인의 출생, 학력, 경찰 입직, 가족 관계, 취미활동 등을 소개하였다.

4) 2분간 묵념

백파이프의 연주로 2분간 묵념

5) 경찰서장, 사고 당시 상황 설명

Abbotsford 경찰서장인 Bob Rich는 사고 당일 도난 차량 발견, 신고, 경찰관의 출동, 무전 교신 내용, 총기 피격 상황 등을 설명하는 한편 당시 경찰관 출동, 이웃 도시의 자치경찰 간 협력, 5명의 경찰관이 범인을 포위하고 검거한 경위 등을 설명하였다.

Rich 경찰서장은 고인과 자신의 일화 등을 소개하고 '총성이 울리던 날 악마가 승리하였고, Abbotsford에는 끈적끈적한 어둠이 도시에 덮었다'면서 '이제 우리는 이것을 멈춰야 한다'고 역설하였다.

6) 부인, 자녀, 형제자매, 동료경찰관 추도사

- 딸 Fay(19세)는 "아버지는 강인했고, 지적이었으며, 유쾌하고, 겸손하였다. 엄격한 아버지였지만 우리는 아버지가 우리를 열정적으로 사랑했다는 것을 잘 알고 있다"고 추도하였고,
- 아들 Drew(26세)는 추모시를 낭독하였고,
- 딸 Dina는 "아버지는 재미있고 우리를 보호하고 보살펴주었으며 절대 무너질 수 없는 듯 보였다. 동료 경찰관들이 아버지를 구하지 못하였다

고 미안해하지 말라. 현장에서 아버지를 도와주어서 고맙다"고 추모하
였으며,

- 영국에서 방문한 형제 자매들도 추도사를 통해 "오늘 John을 장대하게
추모하는 것은 그가 경찰관으로서 올바른 일을 했다는 것에 대한 존중
으로 보인다"면서도 "그러나 우리는 John이 영웅으로 불려지는 것보
다 그가 다시 돌아오기를 바란다"고 말하였다.
- 교통단속팀에서 John과 함께 일하는 여성 경찰관 Renae William이
고인과 함께했던 일화를 소개 중 장례식장에는 간간히 웃음이 나왔다.
부인은 직접 추도사를 하지 못하고 부축하여 나온 John의 동료 경찰관
이 대신 글을 읽었다.
- 추도사는 고인을 영예롭게 하기 위해 부인, 자녀, 형제자매, 동료 경찰
관들만 하였고 John Hogan 주 수상 등 VIP들은 많이 참석하였지만
추도사는 없었다.

7) 뷰글(피리) 'The Last Post' 연주와 파이프 연주

8) 국기 접기·전달식(Flag Folding Ceremony)

9명의 동료 경찰관 운구자들이 관을 덮고 있던 캐나다 국기를 지휘자의
구령에 맞추어 절도 있게 접은 후, 이를 경찰서장에게 전달하였고, 경찰서장은
접어진 이 국기를 다시 미망인에게 가지고 가 무릎을 꿇고 전달하였다.

9) 퇴장

운구자들이 관을 밖으로 가지고 나가고 행사는 종료되었다.

(3) 언론 및 SNS 반응

사고가 발생한 후 장례식까지 10여 일이 지났지만 BC주 지역 모든 언론과
캐나다 전국 방송들은 Cnst. Davidson에 대한 소식을 계속 보도하고 관련된

촛불 추모집회 개최 동향, 장례식 헌금 모집 동향, 도로명 개정 청원 운동, 장례식 일정 등을 계속 보도하였다.

BC주의 대표적인 TV방송사인 'BC1'에서는 장례식 당일 현장 운구 행진과 장례식을 생중계하고 당일 및 익일 거의 모든 방송에서 장례식 뉴스를 계속 방송하였다.

페이스북 트위터 등 SNS에서는 Davidson을 만난 경험이 있는 학생들, 운전자 그리고 동료 경찰관들이 자신들의 경험담을 게시하고 많은 시민들이 댓글을 달면서 고인이 생전에 지역사회의 안전을 위해 노력하였던 것들을 추모하고였다.

어떤 시민은 '며칠 전 할로윈 데이 때 만료된 자동차보험으로 차량을 운전하다 Davidson에게 단속되었다. 이번 주 망쳤다고 생각하고 걱정하고 있었는데 경찰관이 자신을 인근 보험사까지 안내해 주고 싼 티켓을 발부해 주었다. 20분 밖에 안 되는 시간이었지만 그 경찰관의 친절을 알 수 있었다. 나는 당신에게 체포된 것이 영광이었다'고 자신의 페이스북에 게재하였다.

(4) 시민들 반응

1) 시민들, 운구 행렬 도열

지난 11월 9일(목) 시신이 Vancouver 종합병원에서 Abbotsford로 운구될 때 광역 밴쿠버지역의 경찰순찰차량, 형사차량, 앰뷸런스, 소방차량 등이 경광등을 켜고 도열하였고 많은 시민들이 운구 행로상에 도열하여 고인을 기렸다. 언론에서도 언론에서 이를 대대적으로 보도하였다.

2) 도로명 개정 청원 운동

Abbotsford에 사는 Kirk 부부는 근무중 순직한 경찰관을 추모하기 위해 지역 도로명 개정 청원 운동을 제안하였다.

이들은 사고가 발생한 Automall Drive라는 도로명을 'Cnst. John Davidson

Way'라는 도로명으로 개정할 것을 시장과 시의회에 청원하였다. 이들은 캐나다 내 대표적인 방송사인 CTV에 '지역사회의 안전을 유지하기 위해 노력한 Cnst Davidson의 위대한 희생을 사람들에게 기억시키기 위한 의도에서 나온 작은 제스처'라고 설명하였다.

사고가 발생한 지 1주일 후인 2017년 11월 13일(월) 현재 14,700명 이상이 이 청원운동에 서명하였다.

3) 자발적 촛불 추모회

지역사회 내에서 애도와 감사가 계속되면서 11월 13일(월) 밤 시민들이 자발적으로 Mt. Lehman Centre에 모여 촛불 추모회를 개최하였다.

4) 장례헌금 모금운동

가족을 돕기 위한 장례식 헌금 모금운동이 온라인으로 계속되고 있는데 2017년 11월 13일 현재 13만 달러(1억 3천만원) 이상이 모금되었다.

캐나다는 우리의 현충일 행사격인 Rememberance Day를 매년 11월 11일을 성대히 기념하고 있다. 캐나다 전역에 걸쳐 각 도시들이 제1차 세계대전, 제2차 세계대전, 한국전쟁에서 희생한 캐나다인들을 추모한다. 현재 우리가 누리고 있는 경제적 번영과 자유가 그들의 희생의 대가임을 매년 되새기는 것이다. 그 행사에는 퇴역 군인, 현역 군인, 경찰, 젊은 학생들뿐 아니라 노인들, 아이들과 함께 나온 부모들이 자발적으로 대거 참석한다. 그리고 많은 TV에서는 이 행사를 생중계한다.

우리 사회에서도 우리가 오늘 누리고 있는 안전과 자유를 위해 희생한 경찰관뿐 아니라 군인들에 대해 그 고마움을 깊이 마음에 새기는 것이 더욱 필요하다고 보인다.

"Freedom is not Free.(자유는 공짜가 아니다.)"

14절 캐나다 BC주, 재난재해 대응시스템 현황

1. EMBC의 임무와 주요 역할

캐나다 British Columbia주에서 대형 사고, 산불 등 화재, 폭발, 또는 홍수나 눈사태 같은 자연재해로 발생하는 모든 응급 상황에 대한 사전 기획, 교육, 훈련과 대응 등 모든 활동을 조정하는 기구는 EMBC(Emergency Management BC)이다.

EMBC는 '재난 발생 전에 개인이 잘 준비되면 실제 상황을 쉽게 해결할 수 있다'는 이념하에 정부 기관, First Nations(원주민), 산업체, 비정부기구와 자원봉사사들의 협력체계를 구성하고 있다.

재난재해 대비의 1차 담당 부서는 EMBC이지만 재난재해 상황 대응에는 정부의 거의 모든 부서가 관련되어 협력 대응하는데 여기에는 경찰, 군, 의료, 기상청, 공원관리사무소, 홍보, 재정 예산 등이 참여한다.

2. BC주 내 응급대비 현황

BC주 내에서 주요 응급상황은 5-9월 간 건기에는 산불, 4-6월 해빙기에는 록키산맥에서 눈이 녹아 발생하는 홍수, 겨울철 폭설과 눈사태, 토사 붕괴, 댐 붕괴, 오일 누출, 암벽 붕괴, 오일 파이프 라인 누출 등이며 밴쿠버 시에서 자주 발생하는 주요 재난의 종류로는 폭풍, 화학물질 누출 등이다.[39]

2015년 1년 동안 BC주에서 EMBC가 처리한 응급상황으로는 16만 건의 신고를 접수하였고 이 중 6,800건을 응급사고 조치하였으며, 1,700건의 도로상 구조, 1,300건의 수색 구조활동을 펼쳤다.[40]

---

[39] 2017년 4월 16일 BC주 EMBC 남서부지역국의 Cunnings 국장과 밴쿠버 시의 Stevens 재난관리국장을 초청하여 개최한 '재난재해 대비 합동 회의' 내용을 정리하였다.

3. 재난재해 관련 주요 법률과 프로그램

BC주의 응급 재난상황에 대한 지원을 위한 권한, 책임 등에 대한 기본 법률은 BC주 'Emergency Program Act(RSBC 1996)'[41]이고 관련 법률들은 Emergency Program Management Regulation 1994, Compensation and Disaster Financial Assistance Regulation 1995, Local Authority Emergency Management Regulation 1995 등이다.

Emergency Progran Act에서는 「응급상황 기본계획(Provincial emergency plan)」의 수립과 실행, 응급상황 선포, 정부의 권한, 관련 비용 지출, 책임 있는 개인에 대한 구상권, 선의의 작위 또는 부작위(good faith doing or omitting)에 대한 구상권의 면제, 징발과 재산권 침해에 대한 손실보상, 재난보조금 지급, 협력이 요구된 자의 보조의무 등을 규정하고 있다.

BC주에서는 긴급상황 대비를 위해서는 많은 부처들의 위험 대비 계획들이 매우 중요하다는 인식하에 종합적인 계획을 수립하고 이러한 계획들이 여러 종류의 위험상황과 재난을 효과적으로 대비하고 있는지 정기적으로 업데이트하고 있다. 이러한 활동은 많은 조직들이 공공의 안전과, 사회간접자본 그리고 재산의 보호와 복구 시에 긴밀히 협력하도록 한다.[42]

법률 외에도 'BC주 지진 긴급 대응계획(BC Earthquake Respone Plan)'은 지진재해가 발생할 때 EMBC가 취해야 할 초기 구체적인 행동들을 밝히고 있다.

이와 별도로 '종합응급관리계획(Comprehensive Emergency Management Plan (CEMP)'은 EMBC의 재난계획의 기본구조를 담고 있는데 이는 정부의 행동의 기본 방향과, 응급상황과 재난상황에서 정부의 역할과 책임에 대해 규정하고 있다. CEMP의 기본계획은 'BC All Hazard Plan(BC주 모든 위험계획)'이며 부속 프로그램들로 긴급 대응 재정 관리, 배치, 의료서비스, 공공정보 안내, 홍수

---

40) BC주의 인구는 2017년 현재 470만명이다.

41) http://www.bclaws.ca/Recon/document/ID/freeside/00_96111_01

42) https://www2.gov.bc.ca/gov/content/safety/emergency−preparedness−response−recovery/
    emergency−management−bc/provincial−emergency−planning

대응계획, 홍수 쓰레기와 잔해물 제거계획, 인플루엔자 협력계획, 쓰나미 경보
계획, 화재 협력계획 등이 있다.[43] 이러한 부속 프로그램들은 일상적인 위험뿐
아니라 고위험 재난상황에서 정부 차원의 대응과 협력 등에 대해 규정하고 있다.

4. EMBC의 조직

　EMBC는 주 정부에 설치된 기구로서 Operation(실행과), Planning(기획
과), Logistics(보급과), Financial Section(재정과)이 있다.

　Operation Section에서는 재난상황 발생 시 현장 대응활동(예: 홍수지역에
서 모래주머니 설치)을, Planning Section에서는 상황보고서 및 지도 작성 등을,
Logistics Section에서는 근무자 숙소 준비와 구호장비 주문 등을, Financial
Section에서는 비용 청구 및 집행 등을 담당하고 있다.

　EMBC는 지역별로 BC주 내에 북부, 내륙, 해안지역 등 5개의 Operation
Centre를 두고 있다.

5. EMBC 최근 주요 활동 내용

(1) 조기경보시스템(Provincial Emergency Notification System: PENS)

　지진, 쓰나미 등 자연재해 발생 시 관련 연구소 등은 정보 수집 후 이를
정부(EMBC) 측에 통보, EMBC는 미디어를 통해 일반 시민에게 관련 정보 조기
경보한다.

(2) 대중 교육(Public Education)

　캐나다 정부는 재난 예방과 대응을 위해 평상시 시민들에 대한 교육을

---

43) https://www2.gov.bc.ca/gov/content/safety/emergency－preparedness－response－recovery/
emergency－management－bc/provincial－emergency－planning/provincial－emergency－pla
nning－cemp

중시하고 일반 가정에 사전에 준비해야 할 가이드라인을 공동체 회의, 웹사이트 등을 통해 제공하고 있는데 세부 내용으로는 자주 발생하는 응급재난 종류, 긴급 전화번호 목록 작성, 전기·가스 차단방법, 응급대비물품 저장, 비상배낭 목록 등을 안내하고 있다.

(3) 위험 요소 사전 대비(Risk Mitigation)

사전에 위험 요소를 줄이는 것을 매우 중요한 과제로 취급하고 있다. 예를 들어 산불 발생 감소를 위해서 산불의 원인 및 발생 지역 등을 연구하고 이에 대한 대응책 등을 강구하고 있다. 산불 원인 분석에 따라 BC주에서 번개에 의한 산불 발생 지도, 화재 다발 지도, 연료 형태 지도, 사람에 의한 화재 다발 지도, 위험도 지도 작성 등과 예방활동효과 측정을 실시하고 이에 대응한 추가적인 산불 예방을 위한 방법을 강구한다.

또한 대규모 홍수 발생에 대비하여 사전에 제방 높이를 높이고, 눈사태 예상지역에는 인위적 눈사태를 일으키는 등 사전에 위험을 감소시키는 활동을 전개한다.

(4) 자원봉사자 구성(Volunteers)

현재 BC주에는 13,000명의 자원봉사자가 활동하고 있으며 이들은 산악수색, 응급 무전망 지원, 숙박(구조자 또는 이재민) 지원활동을 하고 있다.

6. 캐나다 정부의 재난 대응 사례

(1) 2017년 7월 대형 산불 발생

2017년 7월 7일 BC주 내륙 산악지역에서 발생한 산불이 7월 12일 현재까지 250여 곳에서 계속되고 있는 상황에서 BC주 정부에서는 주민들에게 현재 재난 상황의 변화, 정부의 조치 상황들, 주민들에게 안전공지 사항들을 언론이나 SNS들을 통해 지속적으로 안내하였다.

(2) EMBC, 안전공지 주요 내용

아래 소개하는 내용은 2017년 7월 12일 EMBC에서 이메일로 BC주 내에 있는 각국 총영사관에 전파한 내용이다. EMBC에서는 각 나라별 공동체에는 총영사관들을 통하여 정보를 전파하는 것이 효율적이라 판단하였다.

이 안내문에서는 이번 산불이 최근 10년 내 가장 악화된 산불이라고 설명하였다. 정부는 이에 효과적으로 대응하고 주민들의 안전을 위해 재난상황을 선포하였음을 알리면서, 주민들의 안전이 최우선이며 주민들에게 계속 변화하는 정보를 알리는 것이 안전 확보를 위한 중요한 부분이라고 말하였다.

이 안전공지문에서는 현재의 산불 상황, 관련 정보파악을 위한 페이스북과 트위터 주소, 가족의 소재를 확인하기 위해 Red Cross에 등록할 것, 긴급 리셉션 센터에서 숙박이 가능하다는 것, 음식과 의약품 등을 지급받는 방법, 병원에 입원한 사람의 현 소재지를 파악할 수 있는 방법들을 설명하였다.

또한, 농업 분야와 가축의 이동에 대한 준비, BC주 내 산과 공원에서 야영 중단 또는 모닥불 폐쇄, 기부방법, 응급 준비, 피난, 공원 폐쇄, 등산로 폐쇄, 도로 상황과 폐쇄, 기상상황 등에 재난 대비에 대한 각종 다양한 정보를 확인할 수 있는 사이트들이 정리하여 전파하였다.

아래에 현장감을 위해 당시 캐나다 정부의 안전공지를 원문 그대로 첨부하였고 이해를 돕기 위해 필요한 부분만 중간 중간 우리 말로 번역을 하였다.[44]

British Columbia News
2017 BC Wildfire and evacuation resources
https://news.gov.bc.ca/14994

---

44) 밴쿠버총영사관 홈페이지, 공지사항. BC주, 산불 비상사태 선포, 2017. 7. 13.

Wednesday, July 12, 2017 8:21 AM

B.C. is facing one of the worst wildfire seasons in more than a decade. The Province of British Columbia has declared a provincial state of emergency to ensure a co−ordinated response to the current wildfire situation and to ensure public safety. The last provincial declaration of state of emergency was issued in August 2003 to deal with wildfires.

Keeping people safe is the top priority and part of this is ensuring that people are informed of the latest information in this rapidly evolving situation.

(SNS상에서 최신 정보 확인) This page will be updated on an ongoing basis with the latest information. You can also follow the latest wildfire news on social media via:

Twitter:

BC Wildfire Service: https://twitter.com/BCGovFireInfo

Emergency Info BC: https://twitter.com/EmergencyInfoBC

PreparedBC: https://twitter.com/PreparedBC

DriveBC: https://twitter.com/DriveBC

Facebook: BC Wildfire Service: https://www.facebook.com/BCForestFireInfo

(관련 뉴스) News releases and information bulletins and announcements related to BC wildfires:

Smoke from burnoff operation on 150 Mile House fire − July 12, 2017

BC Wildfire Service crews will conduct a controlled burnoff operation on the south side of the 150 Mile House fire today (July 12, 2017) to create a clear and safer perimeter where ground crews can work.

Area restriction order for the Sutherland Road Fire − July 12, 2017

A public access restriction for areas around the Sutherland Road wildfire is now in effect and will remain in force until the public is otherwise notified. This restriction was put in place to protect the safety of the public and firefighting personnel.

Current conditions and resources in Coastal Fire Centre − July 11, 2017

The BC Wildfire Service is fully prepared to respond quickly to any wildfire activity in the Coastal Fire Centre. Although some resources are being deployed to the Interior to help fight the large fires there, sufficient firefighters and equipment will remain in the region to maintain a first response capability locally.

(대피 등록) Evacuation resources:

Canadian Red Cross − evacuees are asked to please to register with the Canadian Red Cross, even if aid is not required. Registering will allow family and friends to know the whereabouts of loved ones and that they are safe. It also allows the Canadian Red Cross to contact people directly as more information and assistance becomes available.

캐나다 적십자− 피난자들은 적십자에서 등록하십시오. 도움이 필요하지 않더라도 등록하면 가족이나 친구들이 당신이 어디에 있는지 그리고 안전한지를 알 수 있습니다.

To register, visit www.redcross.ca/how−we−help/current−emergency−responses or call 1 800 863−6582.

Please note: evacuees are asked to also register with their local emergency reception centre.

(비상 식량, 숙소, 의료) Emergency reception centres and group lodgings −Anyone requiring immediate assistance with accommodations, food, medical or prescription support, is asked to register with their local emergency reception centre. Please contact your local government to confirm the location of the nearest activated emergency reception centre.

숙소, 음식, 의료 지원을 원하는 사람은 지역 응급지원센터에 등록하십시오. 정부관계자를 만나 가장 가까운 응급 지원센터가 있는지 확인하세요.

(병원 입원) Hospitals − information on the whereabouts of hospital patients relocated due to the fires (twitter.com) is available by calling 1 877 442−2001.

화재로 인해 병원에 입원중인 사람의 정보는 877−442−2001로 전화하세요.

(다른 지원과 정보들) Other resources and information:

(농사 대비와 가축 이동) Agriculture Emergency Prepardness and livestock relocation: http://www2.gov.bc.ca/gov/content/industry/agriculture−seafood/farm− management/emergency−preparedness

(캠프파이어 금지) Campfire bans - given current weather conditions, BC Wildfire Service has implemented fire bans across most of the province, to help protect communities, our forests and infrastructure from wildfire. For current campfire bans and updates in your area visit: www.gov.bc.ca/wildfirebans

많은 지역에서 캠프파이어를 금지하였으니 관련 정보를 확인하기 위해서는 다음 웹사이트를 방문하세요.

(기부) Donations - people who are looking for a way to support those affected by the wildfires are asked to provide a donation to the

Canadian Red Cross (redcross.ca) , Salvation Army (secure.salvationarmy.ca), United Way (unitedway.ca) , Food Banks BC (foodbanksbc.com) or at any BC Liquor Store (bcliquorstores.com) . Emergency preparedness and how to be disaster ready: http://gov.bc.ca/PreparedBC

피해를 입은 사람들에게 기부를 원하는 사람들은 적십자, 구세군… 등에 문의하세요.

(대피 정보) Evacuation related information: www.emergencyinfobc. gov.bc.ca and Twitter @EmergencyInfoBC (twitter.com)

(산불 예방) FireSmart Canada is a national program that provides information on how residents and communities can prepare for wildfires: https://www.firesmartcanada.ca/

FireSmart Canada 사이트는 지역주민들이 어떻게 산불을 예방할 수 있는 지에 대한 정보를 제공하는 국가 프로그램입니다.

(공원 폐쇄) Park closures: www.env.gov.bc.ca/bcparks

(레크레이션 사이트와 산책로 폐쇄 정보 안내)
Recreation sites and trails closures: www.sitesandtrailsbc.ca

(도로 상황과 폐쇄) Road conditions and closures available at DriveBC: www.drivebc.ca

Status of wildfires from BC Wildfire Services: www2.gov.bc.ca/gov/ conten t/safety/wildfire-status

(여행정보) Tourism - many areas of B.C. are unaffected and open for visitors. We urge all visitors and tourists to check with local tourism info centres for specific information on the area they wishto visit.

(기상정보) Weather: http://weather.gc.ca/forecast/canada/index_e.html? id＝BC

Wildfires of note: http://bcwildfire.ca/wildfiresofnote

Regional Districts with emergency operation centres activated

Cariboo Regional District: http://cariboord.bc.ca/

Cariboo Regional District: http://cariboord.bc.ca/

Thompson－Nicola Regional District: https://tnrd.ca/

Regional District of Okanagan－Similkameen: http://www.rdos.bc.ca/ news－events /eoc/current－eoc/

Emergency reception centres activated － updated at 4:05PM on July 11, 2017

Kamloops ESS Reception Centre

Thompson River University

900 McGill Road

City of Prince George Reception Centre

College of New Caledonia

3330 － 22nd Avenue

(3) 경찰의 대응

1) 지방청 상황실 운영

BC주 RCMP(연방경찰)는 지방청에 이번 산불 관련 상황실을 설치하여 운영하고 경찰관들을 현장으로 파견하였다. 산불 초기 '긴급대응팀(Tact Troop)' 150여 명이 재난 현장에 나가 주민 피난 안내, 가가호호 주거 방문 확인, 도로 통제 등을 실시하였다.

긴급대응팀(Tact Troop)은 일반 경찰관들로서 평상시에는 자신이 속한 과나 계에서 근무하다가 응급상황이 발생할 경우, 제복을 착용하고 1차로 현장에 파견되는데 BC주 지방경찰청의 경우, Tact Troop으로 약 200여 명이 구성되어 있다.

2) 자치경찰과 타 주에 경찰력 요청

BC주 RCMP는 경찰력이 더욱 필요하여 Tact Troop 외에도 경찰관 중에서 '자원봉사자(Volunteer)'를 모집하여 7월 13일 출발였는데 일선 경찰서 경찰관뿐 아니라 지방청 본부에서도 수십 명이 출발하였다.

당시 BC주 경찰청에서는 상황이 더욱 악화될 경우에는 지방청 각 과, 그리고 각 경찰서별로 차출 인원을 할당하여 산불 상황에 대비할 계획이었다.

7월 중순 산불 피해 현장에 약 300명의 제복 경찰관이 교대로 피해 현장에서 근무하였는데 BC주 연방경찰에서는 자신들의 인력으로 대응이 부족하자, BC주 내에 있는 다른 도시 자치경찰들에게 지원을 요청하였다. 그럼에도 BC주 경찰력으로는 한계가 있어 다른 주의 경찰력의 지원을 받았다.

3) 주요 경찰활동

산불 피해 현장에는 경찰, 소방, 군이 합동으로 근무하는데 경찰의 주요 임무는 도로 통제, 주민 대피 작전 그리고 대피지역 범죄 예방이다.

이번 산불에서는 주민 총 23,000여 명이 대피하였는데 대피 시에는 경찰 순찰차가 도로를 다니면서 대피 방송을 실시하고, 경찰관들이 모든 주택의 방을 일일이 확인하여 혹시 대피하지 못한 사람이나 애완 동물들이 있는지 확인하였다.

주민들이 대피한 후에는 상가 약탈이나 주거침입 절도 등을 예방하는 데 중점을 두었다. 이는 늦게 대피하는 사람들이나, 일찍 돌아 온 사람들이 남의 집에서 귀중품을 훔치는 경우가 있어 도로마다 경찰관을 배치하여 대피한 주민들의 재산을 보호하였다. 캐나다에서는 재해가 발생 시 주민들에게 재물보다는 몸만 우선 빠져 나오도록 안내한다. 주택이나 차량 등은 보험에 가입되어 있고 가장 중요한 것은 신체의 안전이기 때문이다.

경찰에서는 50%의 주민들이 복귀하면 경찰력을 철수한다. 이는 이 상태에서부터는 범죄가 발생하여도 주민들이 경찰에 신고를 하는 시스템이 갖추어지기 때문이라 한다.[45)]

경찰관들은 대피지역에서 사람들이 떠난 호텔이나 여관에서 숙박하거나 숙박시설이 부족할 때는 야외 공터에 텐트를 치고 야영하였다. 이들은 스스로 침구정리, 청소 등을 하고 경찰관 1명이 숙소 입구에서 chech-in, check-out같은 행정업무를 처리하였다.

2017년 7월 중순 현장 책임자(Incident Officer)로 산불 피해 현장에 다녀온 Richmond 경찰서의 NG 서장을 통해 당시 경찰의 활동사항을 알 수 있다.

BC주 Richmond RCMP 경찰서[46)] NG 서장은 2017년 7월 하순에 9일간 BC주 내륙 산불 피해 지역에서 근무하다 7월 27일 자신의 경찰서로 복귀하였다. 현장에 파견되었던 많은 경찰관들이 짧게는 7일, 길게는 30여일 간 근무하다 돌아왔다. NG 서장은 당시 Incident Officer(현장 책임자)로서 근무하였는데 처음 현장에 도착하여 산불 대응 전문가로부터 2일 동안 산불에 대한 바람의 영향, 온도의 영향, 지형에 따른 산불 이동, 인근 비상 식량 보급소의 업무와 위치 등에 대한 것들을 배우고 현장업무에 투입되었다. 지휘부는 7월 27일 업무를 인수·인계하고 귀임하였고, 많은 경찰관들은 그 다음날인 7월 28일(금)에 근무 교대하고 귀임하였다.

캐나다에서는 대형 재난이 발생 시 해당 지역경찰 책임자가 아닌 임시 파견한 최고위직 경찰책임자가 'Incident Officer' 업무를 수행한다. 재난 규모에 따라 Incident Officer는 Sergeant(경감급), Inspector(경정급), Superintendent(총경급) 등으로 책임자를 지정한다.

---

45) 캐나다인들의 불법에 대한 신고 정신은 매우 높다. 빈 이웃집에 누가 들어오면 "왜 왔는지, 주인과 아는지, 주인에게 사전에 이야기 했는지" 등을 묻는다. 교통법규를 위반한 운전자를 보면 위반사항을 해당 운전자에게 이야기하는 캐나다인들이 매우 많다. 캐나다 경찰도 공동체(community)의 안전은 지역주민들 모두 힘을 합쳐 지켜야 한다고 강조한다.

46) 캐나다 RCMP 경찰서 규모 중 세 번째로 큰 경찰서이다.

7. 평가 및 제언

캐나다나 우리나라뿐 아니라 전 세계 어디든 재난재해는 끊임없이 발생한다. 홍수, 산불 같은 대형 화재, 지진, 화산, 태풍, 눈사태와 같은 자연재해는 지구상 어느 장소를 가리지 않고 계속 발생한다.

우리가 살고 있는 이 지구는 살아 있다. 끊임없이 바닷물이 증발하여 비가 내리고, 고기압과 저기압에서 강한 바람이 불고, 때로는 태풍이 불기도 하고, 높은 기온은 번개와 작용하여 자연 발화를 일으켜 캐나다나 미국의 산악지대에 대형 산불을 일으킨다. 화산이 폭발하기도 하고, 지각판의 이동으로 지진이 발생하여 엄청난 피해를 입히기도 한다. 현재 인류의 과학 기술 수준은 지구에서 발생하는 모든 재해를 예측하는데 한계가 있다.

자연재해뿐 아니라 산업화 사회의 편의에 따른 인공적 재해도 끊임없이 발생한다. 오일 파이프 라인 누출이나 화학물질 누출로 인한 피해 등이 대표적인 예이다.

이러한 재난재해를 가능한 예방하고, 재난이 발생하였을 때에는 빠르고 적절한 조치로 인적 또는 물적 피해를 최소화하는 노력을 기울이는 것이 우리의 역할이다.

(1) 전 사회의 협력 대응

다음은 민갑룡의 국외훈련 결과보고서인 '캐나다의 위기관리 체계에 대한 고찰 및 특징과 시사점 연구'에서 밝힌 대책 내용이다.[47)]

위기관리에 있어서는 예측불허의 상황들을 불시에 수시로 직면하게 되

---

47) 민갑룡, 캐나다의 위기관리 체계에 대한 고찰 및 특징과 시사점 연구, 경찰청, 2015년, 122면. http://www.training.go.kr/pub/overseas/OutTrainResultReportDtl.do?trnCrsUid=111110&yr=2014&schdlNo=1&encUserUid=[e3]c4LRVTOJaTEGeeflSG7ImAMZbrXA==&encRprtUid=[e3]_h-DY159-24bu07laeYwD-b8qlVA==&encRprtSeq=[e3]M5dB-kOhHQVA_oinZpubreZObxMg==

기 때문에 모든 사회적 역량을 시의 적절하게 끌어 모아 대처해 나가는 것이 핵심이라 하겠다. 하지만, 명령과 통제 위주의 관리로는 그 속성상 다양한 위기관리 주체들 간에 자발적이고 호혜적인 협력관계와 시너지를 이끌어 내기 어렵다.

따라서, 우리의 위기관리 정책에 있어서도 모든 위기관리 주체들 간에 각자의 역할과 책임을 존중하면서 상호 조정과 협업을 통한 빈틈없는 파트너십과 거버넌스 관계망을 형성하는 것을 중심으로 삼아 범사회적인 위기관리 역량을 높이는 것을 우선하여야 한다고 본다. 명령과 통제는 실제 위기상황에서 현장 대응활동과 관련된 범위 내에서와 같이 필요최소한도에 그치고 그 밖의 영역으로 확대되는 것을 피하는 것이 범사회적인 위기관리 관계망을 형성하는 데 필요하다고 하겠다.

현대의 위기관리는 모든 정부부처, 정치권, 언론, 시민들이 협력하여야 한다. 현대 사회에서 대형 재난 상황을 정부의 한 부처만의 능력으로 해결할 수 있는 경우는 거의 없을 것이다. 앞서 살펴본 것처럼 대형 산불 발생의 경우에 공원관리사무소, 기상청, 도로관리청, 적십자, 의료기관, 소방, 재정관리 부처, 경찰, 농수산 부처, 언론 등 해당 되는 모든 기능이 협력하여야 한다.

또한 명령과 통제 위주로 재난에 대응하는 것보다는 전 사회적의 모든 기능이 협력으로 재난에 대응해야 한다. 책임 소재를 위한 비난보다는 문제해결을 위한 관련 부처 공무원들과 관계자들의 노력에 감사와 격려를 보내면서 함께 재난에 대응해야 한다.

(2) 범국민적 교육 훈련

재난 대비를 위해 범국민적인 교육·훈련·연습을 통한 위기관리의 체질화와 생활화가 필요한데[48] 우리도 평상시 재난 대응에 대한 시민 교육 자료를 온라인이나 오프라인으로 부단히 제공하여야 할 것이다. 그리고 시민들도 재난 대응을 위해 스스로 학습에 노력하고, 정치권은 관련 법률을 입법하고, 정부는

---

48) 민갑룡, 125면.

실행계획을 현실화하는 노력을 계속하면 대형 재난 재해에 보다 효율적인 대응을 할 수 있을 것이다.

15절 밴쿠버 경찰청, 사격 훈련과 총기 휴대

1. 총기 범죄 현황

캐나다에서 총기 휴대는 수렵 허가 등 일부를 제외하고는 불법이지만, 총기 소지가 비교적 자유로운 미국과 국경을 인접하고 있어 많은 총기가 불법으로 유입되고 있으며 범죄에 자주 사용되고 있다. 범죄조직의 총기 사용도 많이 발생하고 있고 정신이상자의 총기 사용 사고도 간혹 발생하고 있어 큰 사회적 이슈가 되고 있으며 경찰도 총기 불법 소지와 유통 단속에 노력을 기울이고 있다.

광역 밴쿠버 지역 Surrey시에서만 2016년 상반기에 8건의 총격 사고가 발생하여 많은 주민들이 불안해하였고, 정치권에서도 BC주지사에게 특단의 대책을 마련하라고 주문하였으며 Clark BC주지사는 "총격사고를 줄이기 위해 경찰에 지원을 아끼지 않겠다"고 약속하였다.

경찰에서 총기밀매에서 특히 신경을 기울이는 부분은 미국으로부터 항만으로 수입되는 물품들인데 범죄자들은 수입목재의 내부를 파내고 여기에 총기를 숨겨 들어오는 사례들이 있다.

2. 경찰의 사격 훈련

밴쿠버 경찰청의 사격 훈련은 실제 현장에서 대응능력을 강화하는 것을 목표로 한다. 사격 훈련 프로그램은 최근 자주 발생하는 총격 사고 유형을 기본으로 한다. 언제든지 갑자기 발생할 수 있는 상황에 대한 사전 정신적 준비자세, 스트레스를 견디는 훈련, 미국 등 인근 국가에서 최근 발생한 사례 등을 포함하여 훈련을 실시한다.

최근에는 미국 내 중·고등학교에서 총기 사고가 많이 발생하여 동일한 유형의 사고가 캐나다에서도 일어 날 수 있다는 것을 대비하여, VPD에서는 과거 경찰청 본부 건물이었던 곳에서 실제 상황을 가상한 사격 훈련을 실시하기도 하였다.

사격 훈련 시에는 '총기를 든 범인, 손을 들고 있는 사람, 귀에 전화기를 대고 있는 사람의 사진이나 실루엣 등'을 사격 표지판에 붙여 놓고 사격 표지판이 경찰관을 정면으로 향하는 경우나 표지판이 옆으로 돌려져 있는 경우 등을 모두 훈련 내용에 포함하고 있다.

경찰관은 표지판을 등지고 권총을 손을 댄 채 서 있다가 신호에 따라 표지판을 향해 방향을 돌리고 표지판의 유형에 따라 사격 또는 사격 중지 훈련을 하고 있는데 이는 현장 돌발 상황에서 대응 경찰관이 빠른 시간 내에 준비하고 올바른 결정을 내려야 하기 때문이다. 매년 2회의 사격 훈련이 있으며 이 훈련에서는 경찰관들은 12발 실탄이 들어 있는 탄창 3개를 사용하여 사격한다.

3. 사격 테스트

VPD에서 사격 테스트는 승진의 자격조건이 아니지만 SWAT 팀(경찰특공대) 등 특수 부서 근무하는 경우에는 일정한 사격 점수가 필요하다.

밴쿠버 경찰청 경찰관들은 매년 1회 'Qualification Shooting Test(사격 자격 테스트)'를 실시하며 100발을 사격한다. 연령별·성별 테스트 기준은 모두 동일하다. 이는 사격은 경찰관 자신의 안전과 시민의 안전과 직결되기 때문에 나이나 성별에 따라 기준을 달리 할 수 없기 때문이다.

매년 실시하는 사격 Qualification Shooting Test를 통과하지 못할 경우에는 경찰업무중에 총기를 휴대할 수 없으며 이에 따라서 현장에서 순찰차 근무, 교통 단속, 범죄 수사 등의 업무를 처리할 수 없다. 이 테스트에 통과하지 못한 경찰관들은 사무실 내에서 보고서 작성 등 행정업무를 처리해야 한다.[49] 그리고 이런 경찰관들은 시간외 근무도 할 수 없다. 시간외 근무는 주로 순찰, 수사 분야에서 이루어지는데 사격 테스트를 통과하지 못한 경찰관들은 총기를 휴대할 수 없어 시간외 근무를 하지 못하고 시간외 수당도 받을 수 없다.

4. VPD, '탄두가 옴폭한 실탄(hollow point)' 사용

캐나다 軍에서는 소량의 실탄으로 다수의 사상자를 유도하기 위해 '탄두의 끝이 뾰족한 실탄(full-metal jacket)'을 사용하고 있는데 이는 발사된 실탄이 적군을 뚫고 나와 다른 적군까지 피해를 입히도록 설계되었기 때문이다.

반면, 밴쿠버 경찰은 피의자나 위험발생 야기자 외에 다른 시민들에게 피해를 주지 않기 위해 실탄이 당사자의 몸에서 나오지 않고 정지하는 것을 염두에 두고 '탄두의 끝이 옴폭한 실탄(hollow point)'을 사용하고 있다. 이 hollow point 실탄은 뚫고 나가는 실탄(full-metal jacket)에 비해 몸 안에서 퍼져 장기 손상은 더 줄 수 있으나 주변에 있는 제3자에게는 피해를 주지 않기에 캐나다 경찰에서는 이 실탄을 사용하고 있다.

〈왼쪽 실탄이 Full Metal Jacket이고, 오른쪽이 Hollow Point 실탄이다〉

---

49) 경찰관들 사이에서는 이런 경우에 'Penalty Box'(벌칙 장소)에서 근무한다고 농담한다.

5. 공포탄 없이 모두 실탄 장착 근무

우리 경찰은 총기 사격 시 첫 발에 공포탄을 발사하도록 규정하고 있다. 그러나 캐나다 경찰의 자체 연구 결과, 경찰이 총기를 사용하는 경우는 대부분 '경찰관 5m 앞에서 범인이 칼로 공격을 시작'하는 사례인데 범인의 공격에는 2-3초가 소요된다. 이에 따라 경찰은 3초 내에 첫 발을 발사하여야 하므로 공포탄을 사용할 수는 없기에 첫 발부터 실탄을 장전하여 휴대한다. 모든 경찰관들은 근무시에 40발의 실탄을 휴대하고 있다. 또한 총기 발사 시 범인을 맞힐 확률이 가장 높은 몸통을 향해 발사하며, 2-3발 발사 후에도 범인이 무력화되지 않는 등 효과가 없을 때에는 머리에 발사하도록 훈련하고 있다.

6. 총기 휴대

밴쿠버경찰에서는 계급이나 부서와 상관없이 제복을 입고 경찰서 건물을 벗어나는 경우에는 모두 총기를 휴대하여야 한다. 밴쿠버경찰청장도 제복을 입고 옥외 공식 행사에 참석하는 경우가 많이 있는데 이런 경우에는 반드시 총기와 실탄을 휴대하고 행사에 참석한다.

〈왼쪽: 권총을 휴대하고 외부 행사에 참석한 Adam Palmer 밴쿠버경찰청장,
오른쪽: Burnaby RCMP 서장, North Vancouver RCMP 서장과 경찰서 과장들〉

16절 캐나다 경찰의 복제와 장비

1. VPD, 장비 개발에 소규모 회사들의 창의성 적극 활용

10만 명이 넘는 우리 경찰조직의 규모와 달리 밴쿠버 경찰청은 조직원수 1,800여 명의 자치경찰조직이어서 경찰장비와 복제 개발 부서에 많은 인원이 근무하지 않는다. 이는 캐나다뿐 아니라 미국 내 대다수 자치경찰조직들도 같은 현상이다.

이에 따라 이들 자치경찰청들은 순찰혁대, 수갑이나 권총 등을 넣는 파우치, 근무복이나 점퍼 등 경찰복제 개선에 소규모 회사들이 창의적으로 제작하여 소개한 것들을 소량 구매하여 시범 사용해 보고 성능을 비교한 후 이를 전 경찰에 확대하여 보급하는 방법을 많이 활용한다.

이는 새로운 성능의 장비를 쉽게 도입할 수 있는 장점이 있고 인근 미국이나 캐나다 다른 경찰청들이 장비 도입 시 밴쿠버 경찰에 자주 문의하면서 장비 개발에 경찰조직 간에 긴밀히 협력하고 있다.

비교적 규모가 작은 밴쿠버 경찰청의 장비보급은 장점과 단점이 있다. 단점으로는 대한민국 경찰청과 같은 장비 구입 시 규모의 경제가 없다. 또한 모든 장비를 보관할 시설도 없다. 대규모 제조사를 상대하여 경찰만을 위한 물품의 생산을 요구하기도 어렵다.

반면, 소규모 경찰조직의 장점으로는 빠르게 장비를 개선할 수 있다. 장비 개선을 위한 의사결정에 긴 시간이 걸리지 않고, 대규모로 제작하지 않기에 기존에 제작된 물품을 소규모로 빠리 구매할 수 있다. 필요한 물품이 있을 때는 위원회를 소집하여 빠르게 의사를 결정할 수 있다. 이러한 것은 빠른 장비의 구입과 새로 출시된 신제품을 사용할 수 있도록 도와 준다. 수백 개 또는 수천 개의 근무모와 자켓 등에 경찰 마크 부착 등 조그마한 변화를 주어 쉽게 보급할 수 있다.

2. VPD, 복제 개선 시 착안 사항

(1) 시인성 높은 교통경찰관용 조끼 개발

VPD의 과거 교통경찰관용 조끼는 아래 사진과 같았다.

www.alamy.com - ARY6TE

이 조끼의 문제점은 경찰관이 많은 건설현장 근로자와 비슷하게 보인다는 것이었다. 경찰활동의 효율성을 위해서는 경찰관이 다른 사람들과 구분되어 선명히 확인되어야 하며, 그렇지 않을 경우 경찰관의 활동이 잘 보이지 않는다. 이러한 이유로 VPD는 교통경찰관용 조끼를 개선하였다.

VPD는 '검정과 흰색'의 고반사 성능이 있는 체크 무늬의 조기를 도입하였다. 이 체크 무늬는 영국 경찰이 전통적으로 사용하는 것으로 시인성이 높다. 이 무늬는 경찰관만 착용할 수 있도록 특허를 받았다. 이러한 특허로 공사장 근로자나 다른 보안 요원들이 경찰의 조끼와 유사한 것을 착용할 수 없게 되었다.

위 사진은 현재 VPD가 사용하는 개선된 조끼이다. 이 조끼는 벨크로 테잎으로 옆 판을 조절할 수 있어 두꺼운 점퍼를 입는 겨울철에는 이를 늘려서 사용할 수 있다.

소방관들이나 응급구호자들이 많은 경우 경찰관과 함께 일하는데 과거 이들은 매우 유사한 복장을 입었으나 현재 이들은 '빨강과 흰색'의 체크 무늬를 사용하고 있어 시민들이 이들이 경찰관인지 의료 관계자인지 쉽게 구분할 수 있게 되었다.

(2) 방한용 복제

가) 점퍼

추운 겨울철 근무를 위해 경찰관들은 플리스 섬유로 만들어진 점퍼를 착용하고 있고 그 위에 바람과 비를 막을 수 있는 방수용 자켓이 보급되고 있다. 긴팔 내의도 보급하고 있다. 경찰관들은 매년 복제 구입을 위해 지급되는 포인트로 방한 의류인 장갑, 투크(스키용 모자와 유사한 형태) 등을 VPD 내 장비 창고에서 구매하여 사용한다.

플리스 재질의 자켓은 비가 오지 않고 강한 바람이 불지 않는 날씨에서 착용할 수 있다. 그러나 비가 오거나 바람이 강하게 부는 날씨에는 경찰관들은 방풍방수용 자켓을 착용하는데 이 자켓은 맞춤형으로 Cascade Wear라는 지역 의류업체에서 제작하고 있다. 이 업체에서는 캐나다 내 다른 경찰조직이나 국경경비청의 복제도 제작하고 있다. 이 방풍방수용 자켓은 보온용 충전재 (insulation)가 없지만 땀을 발산시킬 수 있고 바람이나 비를 막을 수 있고 그 자체로 몸의 체온을 따뜻하게 유지할 수 있다.

〈머리에 착용하고 있는 것이 투크이고, 안에 플리스 자켓을 입고,
겉에 후드가 부착된 방풍방수용 자켓을 입고 있는 VPD 경찰관이다.〉

VPD에서는 방수방풍용 점퍼에 탈부착이 가능한 후드를 보급하고 있다. 그러나 일부 경찰관들은 이 후드를 선호하지 않는데 그 이유는 후드가 양 옆 시야와 청력을 방해하기 때문이다. 비가 후드를 때릴 때 텐트 안에서 비가 텐트를 때리는 듯한 소리를 발생시켜 경찰관이 주변의 다른 소리를 듣기가 어렵기 때문이다.

VPD의 플리스 점퍼나 RCMP의 점퍼는 우리 경찰 점퍼와 비교하여 몸통

길이가 약 8−9cm가 짧다. 이 점퍼는 권총이나 수갑 등을 휴대하는 순찰혁대를 완전히 덮지 않는다. 이 짧은 점퍼는 우리 점퍼와 비교하여 보온성에서 다소 뒤떨어지고 비를 충분히 막지도 못한다. 그러나 캐나다 경찰은 순찰혁대를 덮지 않기 위해 몸통 부분이 짧은 점퍼를 사용한다.

나) 경찰장갑

경찰장갑은 보온, 방풍과 방수 그리고 긁힘이나 베이는 것으로부터 손을 보호하는 성능을 가지고 있어야 한다. 그러나 높은 보온성은 두께의 증가를 의미하며 이는 손가락의 자유로운 움직임을 방해한다. 이는 경찰관이 무전기, 수갑, 총기 등을 조작하는데 매우 어렵게 한다.

VPD는 등산장비 제조사인 Mountain Equipment Co−op에서 방수, 방풍 그리고 다소의 파지력(grip)이 있는 장갑을 선택하였다. 충전재를 매우 소량 사용하여서 우수한 보온성은 없지만, 두껍지도 않다. 그러나 이러한 업체를 통하여 장갑을 구입하는 데 있어 문제점은 이 업체가 지속적으로 매년 신상품을 출시하고 과거 상품을 더 이상 생산하지 않는 것이다. 그래서 VPD는 매년 동일한 장갑을 구입할 수 없는 불편을 느끼고 있다.

경찰장갑과 관련한 또 다른 이슈는 가격이다. 경찰관들의 장갑은 자주 찢어지고 오물로 더럽혀지기 때문에 경찰관들이 저렴한 비용에 새 장갑을 구입할 수 있도록 저렴하여야 한다.

다) 투크(toques, 스키모자 형태)

겨울철에 투크는 VPD 경찰관들에 매우 애용된다. 호주머니에 쉽게 가지고 다닐 수 있고, 꺼내어 착용 시에 주름이 생기지도 않고, 귀를 덮어 보온력이 있으면서도 청력을 크게 감소시키지도 않는다. VPD의 투크는 진청색이며 앞면에 VPD 마크가 새겨져 있다.

야구모 형태의 근무모는 계절에 관계없이 사용되고 태양 빛으로부터 눈을 보호하고 비를 막아 주지만, 매우 추운 날에는 투크가 귀까지 덮어 보온을 유지한다.

라) 방한용 내복 구입 비용 보전

VPD 경찰관들은 시중 의류 가게에서 방한용 내복을 살 수 있다. 해당 구매 영수증을 가져 오면 1년에 120CAD(한화 약 10만원)까지 그 비용을 보전해 준다. 이 비용은 경찰관에 배당된 복제 수당에서 활용된다.

두꺼운 옷은 경찰관의 움직임을 제약하는데 반해, 방한용 내의는 매우 얇지만 탁월한 보온성을 제공하기에 많은 경찰관들이 선호한다. 다른 겨울철 복제와 같이 착용하면 장시간 야외에서 업무를 처리하는 경우에 상당한 보온성을 제공한다.

　방한용 내의의 요구 조건은 제복과 함께 입을 때 로고나 상품명이 보이지 않아야 한다는 것이다. VPD에서는 땀을 발산할 수 있는 폴리에스테르나 메리노 울을 추천하고 있다. 그 이유는 면은 땀을 흡수하고 장시간 이를 함유하기 때문이다. 하지만 시위진압 부서 경찰관들은 폴리에스테르 내의를 입을 수 없는데 이는 경찰관이 화재에 노출될 경우, 폴리에스테르가 녹기 때문이다. 많은 경찰관들이 비싼 가격에도 메리노 울을 선택하는데 이는 방향 성능도 우수하기 때문이다.

마) 경찰 제화류

　경찰 제화류도 개인 선택 구매 품목이다. VPD경찰관들은 시중 가게에서 부츠를 사서 비용을 보전받는다. VPD에서 요구하는 조건은 검정색이어야 하며, 발목 보호를 위해 6–8인치의 높이, 발가락 부분에 광택이 있어야 한다. 발가락 부분에 금속이 있는 것은 금지된다. 금속 발가락 부츠는 건설현장에서 발을 보호하는 성능은 우수하지만, 경찰업무 중 다른 사람에게 상처를 줄 수 있기 때문이다. VPD에서는 땀이 발산되는 기능성 부츠를 권장하고, 양말도 면보다는 폴리에스테르나 울 소재를 권장한다.

(3) 복제 포인트 관리와 사적 구매 비용 환급

　경찰관으로 처음 임용될 때에는 근무복, 방탄복, 점퍼, 양말, 속옷, 총기, 경찰봉, 순찰혁대, 후레쉬, 파우치, 교통경찰용 조끼 등 기본 복제와 장비를 일괄 보급한다.

가) 복제 포인트 지급

　그 이후에는 매년 복제 수당을 포인트로 지급한다. VPD경찰청 'Store(장비계)'에서는 모든 경찰 장비를 판매하고 있다. 첫 임용 시에 지급하지 않는 선글라스와 방수용 장갑, 방수용 바지, 망원경, 다기능 도구들도 비치하고 있다.

모든 제품은 각각 포인트가 정해져 있으며 경찰관들은 각자 필요한 장비 구매 시 사용한다. 매년 초 포인트가 주어지며 해가 바뀌면 남은 포인트는 사라진다.

나) 외부 구입 물품에 대한 보전

VPD 장비계에서 보급하지 않는 부츠나 방한용 내의는 경찰관들이 소매점에서 구입하여 영수증을 장비계에 제출한다. 장비계에서는 복제 수당에서 동일한 금액을 공제하고, 영수증에 사인하여 주면, 경찰관들은 사인된 영수증을 급여 담당부서에 제출하고, 그에 해당하는 비용을 돌려 받는다. 외부에서 구매한 물품이 VPD가 정한 기준(예: 신발 높이, 신발 코 등)에 맞지 않을 경우에는 그 비용을 보전해 주지 않는다.

다) 사복 착용 경찰관

사복을 입고 근무하는 형사들이나 다른 경찰관들은 복제 포인트를 받지 않는다. 대신, 그들은 양복이나 넥타이 같이 업무용 복장을 구입하는데 추가적으로 사용할 것으로 판단되는 사복부서 수당을 받는다.

또한 사복부서 경찰관들은 VPD 장비계에서 필요한 경찰 물품은 개인 비용을 지불하고 구입할 수 있다. 사복부서 경찰관일지라도 2010년 밴쿠버 동계 올림픽 기간처럼 모든 경찰관들이 제복을 입고 근무해야 할 경우에는 신임 경찰관과 같은 기준으로 복제를 지급한다.

3. 경찰 순찰차량 내 장비

(1) 야간 시력 확보용 적색등

경찰관들은 야간에도 순찰차 내에서 많은 행정업무를 처리한다. 911신고 내용을 확인하고 그 처리 결과를 내부 전산망에 입력하며 컴퓨터를 이용한 각종 조회와 체포영장 발부 사항 등을 확인한다. 이러한 일을 할 때 경찰관들은 순찰차 내에서 실내등을 켜고 업무를 처리하는데 우리 경찰은 일반 차량과 같은 백색 계열의 실내등을 사용한다.

캐나다 경찰도 과거에는 순찰차 내에서 백색등을 켜고 업무를 처리하였으나 현재는 이를 조도가 낮은 적색등으로 개선하였다.

그 이유는 백색등 아래에서 업무를 처리하다 외부의 소리나 움직임을 감지하고 또는 즉시 이동하여야 할 경우에 순찰차 외부로 시선을 전환하는데 경찰관이 야간에 시력을 완전히 적응하는데 약 30초가 소요된다는 연구 결과가 나왔기 때문이다. 이에 따라 경찰 순찰차 내의 조명등을 '붉은색'으로 개선하였다.

(2) 순찰차 내 IT장비

순찰차 운전석 옆에 노트북을 설치하여 911신고 접수·처리 내용 확인, 상황실로부터 하달받은 문자지시 확인, 순찰중 근무내용(자택구금, 도보순찰, 검문검색 등) 기록, 전자지도, 순찰요원 간 통신 등에 사용한다. 한국 순찰차 내에도 이러한 업무를 처리할 수 있는 전자장비가 있으나 크기가 작아 사용에 불편을 느끼는데 차량 내에서 손쉽게 업무를 처리할 수 있는 사이즈의 컴퓨터 활용이 매우 유용해 보였다.

그러나 캐나다 경찰의 순찰차는 미국 포드사의 8기통으로 시속 240km까지 운행할 수 있는 사이즈가 매우 큰 차량이고, RCMP는 그 차량 내에 경찰관 한 명이 승무하여 근무하기에 컴퓨터를 사용할 공간도 충분하다.

(3) 소총(rifle) 확대 보급 중

과거 캐나다 경찰은 근무중 권총을 휴대하고 순찰차에는 8개의 탄알이 발사되는 산탄총(Shot gun)을 가지고 다녔다.

그러나 2014년 6월 Monctont시에서 경찰관들이 반자동 소총(rifle)에 피격되어 3명이 사망한 이후, '권총과 산탄총으로는 소총을 소지한 범인을 제압할 수 없으므로 이에 상응한 대책을 세워야 한다'는 MacNeil위원회의 권고에 따라 전 경찰관들에게 소총(rifle)을 보급하기로 하였다. 2015년 소총 보급을 시작,

순찰차 천장에 소총을 걸어 보관하고 있고 예산을 확보하는대로 모든 순찰경
찰관에게 소총을 보급할 계획이다.

17절 캐나다 경찰의 신뢰도 법집행기관 중 1위[50]

1. 캐나다 경찰 신뢰도 67%

　캐나다의 유명 여론조사기관인 Angus Reid Institute에서 2016년 7월 대
법원, 지방법원, 경찰을 대상으로 한 법집행기관 여론조사에서 경찰은 67%의
신뢰도를 받아 조사 대상 중 가장 높았다.

　전통적으로 캐나다 경찰은 국민들로부터 높은 신뢰를 받고 있는데 이는
미국 경찰이 국민 상대 여론조사에서 56%의 신뢰도를 받는 것과 비교할 때도
큰 차이라고 현지 언론에서 분석하였다.

2. 여론조사 기관 및 조사기법

　(1) 여론조사 기관

Angus Reid Institute로서 캐나다의 정치, 경제, 사회, 안전 등에 대한 각종
여론조사를 실시하고 있다.

　(2) 여론조사 기간

2016년 6월 첫째 주에 실시한다. 캐나다 법집행기관에 대한 여론조사는

---

50) 캐나다 대표적 여론조사기관인 Angus Reid Institute, 2016년 7월 여론조사 결과이다.

매 2년마다 실시하여 공표한다.

(3) 조사대상 기관

이번 조사는 캐나다 사법체계에 대한 신뢰도로서 조사대상은 대법원, 지방법원, 연방경찰, 주 경찰, 도시경찰을 포함하나, 단순히 기소업무와 형집행업무만 수행하는 검찰(Crown Counsel, 기소청)은 법집행기관으로 인식하지 않아 조사대상에서 배제되었다.

(4) 표본과 오차범위

1,505명의 성인을 온라인으로 조사하였고, 3%의 오차범위이다. 조사대상자 중 2년 내에 경찰이 관여된 사건에서 피해자였는지에 대해서는 10%가 '그렇다'고 답변하였다.

3. 여론조사 결과

(1) 경찰

연방, 주, 도시경찰 전체적으로 67%의 신뢰도를 받아 국민의 약2/3가 경찰을 신뢰하는 것으로서 여론 분석가들은 '캐나다 국민들이 경찰에 엄청난 신뢰를 보내고 있다'고 평가하였다.

연방경찰은 66%, 주 경찰은 65%, 도시경찰은 70%의 신뢰를 받았다. 주별로는 사스카츄완주에서는 75%, 퀘벡주에는 72%였으며 가장 낮은 BC주에서는 55%위 신뢰도를 보였다.

연방경찰의 경우에는 2012년 연쇄살인범에 대한 수사 미흡과 테이저건으로 공항에서 이민자가 사망하였을 때에는 신뢰도가 39%였으나, 2014년에는 67%, 2016년도 이번에는 66%의 신뢰도를 보였다.

금년도 미국에서도 유사한 조사가 갤럽에 의해 실시되었는데 미국 경찰은

56%의 신뢰도를 받았다.

(2) 법원

법원 전체적으로는 50.5%의 신뢰도로서 경찰보다 훨씬 낮은 신뢰도를 보였고, 대법원은 57%, 주 형사법원은 44%의 신뢰도를 보였다.

2014년 조사에서 주 형사법원은 40%의 신뢰도였고, 대법원은 48%의 신뢰도에서 이번에는 상당히 향상된 신뢰도를 받았다.

(3) 경찰의 높은 신뢰도 원인

캐나다 경찰이 높은 대국민 신뢰를 받는 원인은 경찰 내부 요인뿐 아니라 외부적 요인도 있을 수 있고 그 원인 분석에는 다양한 의견이 있을 수 있다. 우리가 지금까지 살펴 본대로 합리성과 문제 해결을 지향하는 캐나다 경찰조직, 국민의 자유와 인권을 보장하면서 사회의 안전을 위해 효율적으로 범죄를 수사하는 형사사법 제도, 공동체에서 항상 발생하는 각종 문제점에 대한 적절한 치안 정책을 끊임없이 찾는 노력, 수사와 재판과정에서 보여지는 경찰관 개개인의 높은 전문성, 직장 생활 이후 건전한 여가문화 등 시스템적인 요인과 개인적인 요인들이 어우러져 현재 캐나다 경찰이 국민들로부터 높은 신뢰도를 받는 것으로 보인다.

우리 대한민국 경찰은 우리 경찰문화 중에서 우수하고 좋은 문화는 계속 발전시키고, 캐나다 경찰의 효율적이고 합리적인 문화를 도입하면 안전하고 편안한 사회를 만들 수 있고, 국민들로부터 높은 신뢰를 받는 경찰조직이 될 것이라 생각된다.

찾아보기

영문색인

[저자약력]

경찰대학 행정학과 졸업
전북대학교 법학대학원 법학과 석사
전주덕진경찰서 형사반장
경찰청 정보국
서울중부경찰서 충무지구대장
수원중부경찰서 경비교통과장
서울중랑경찰서 생활안전과장
경찰청 경무국 장비계장
대전지방경찰청 112종합상황실장
밴쿠버총영사관 경찰주재관(3년)
발로 뛰는 영사상 수상
서울지방경찰청 생활질서과장
현, 서울중랑경찰서장

캐나다 경찰의 주요 정책
캐나다 경찰은 왜 핑크 셔츠를 입을까

초판 발행   2019년 1월 30일

지은이   김성구
펴낸이   안종만

편 집   우석진
기획/마케팅   오치웅
표지디자인   김연서
제 작   우인도 · 고철민

펴낸곳   (주) 박영사
          서울특별시 종로구 새문안로3길 36, 1601
          등록 1959. 3. 11. 제300-1959-1호(倫)
전 화   02)733-6771
f a x   02)736-4818
e-mail   pys@pybook.co.kr
homepage   www.pybook.co.kr
ISBN   979-11-303-0725-1   93350

정 가   18,000원